JN273626

授業のUD Books

道徳授業のユニバーサルデザイン

山口県宇部市立西宇部小学校
坂本哲彦
Sakamoto Tetsuhiko

全員が楽しく「考える・わかる」道徳授業づくり

東洋館出版社

目次

道徳授業のユニバーサルデザイン
全員が楽しく「考える・わかる」道徳授業づくり

第1章 道徳授業の今

第2章 道徳授業のユニバーサルデザインとは

第3章 焦点化

第4章 視覚化

第5章 共有化

第6章 身体表現化

第1章

道徳授業の今

少し堅い話になりますが、道徳授業のユニバーサルデザインについて述べる前に、その前提となる事柄を整理しておきます。

これまでの道徳授業の取組に、ユニバーサルデザインの視点を適切に位置付けたいと考えるからです。

一 これまでの道徳授業の成果

道徳授業そのもの、またそれを支えるものとして、これまでの成果を一言にまとめるとすると、

> 学校の組織的な取組が充実し、教材や指導方法が一層多様になってきていること

と言えます。

まずは、学校の組織的な取組、条件整備です。

例えば、

① 道徳教育の全体計画の作成

②　道徳の時間の年間計画の作成
③　道徳教育推進教師等の配置
④　地域の人々の理解や協力を得るための取組
などがあります。

文部科学省の「道徳教育実施状況調査（平成二四年度実施）」小学校の集計によれば、①②の学校はともに九九％を超えています。また、③については九九・九％の学校が配置しています。④の地域の人々の理解や協力を得るための取組は、八四％の学校が行っています。

これら四点は、学校全体で道徳教育や道徳授業を進めようとする強い意志の表れです。国や県、市町村の施策が浸透してきたからでもあるのですが、一つ一つの学校、その教職員、保護者、地域の方々が、子どもの心を育てるため、努力していると考えることができます。

道徳授業について述べるときには、これらの組織的な取組の成果を踏まえるとともに、その充実・発展も同時に叶えるよう意図することが大切だと考えています。

では、道徳授業そのものについては、どうでしょうか。

教材についてですが、先の調査において、道徳授業で教材を使用しなかったと回答している学校は、〇％でした。

『心のノート』をはじめ、国や県、市町村が作成したもの、民間の教材会社等の読み物資料など様々な種類のものを使用しています。特に、自作（学校作成を含む）の読み物資料を三四％の学校が使用していると回答しています。

また、民間の道徳教育研究団体で開発・刊行した読み物資料なども、書店に多く並んでおり、その活用が活発であることが想像されます。

指導方法については、「小学校学習指導要領解説道徳編」にも「多様な学習指導の構想」として様々述べられています。ここ最近は、教材の多様化に加えて、指導方法も非常に多様になってきています。

各教科に比して、道徳授業方法の提案は、むしろ多いのではないかと感じています。そして、本書もその一つとなってほしいと願っています。

二　道徳授業の課題

一方で、道徳授業をめぐる問題点、課題も少なくありません。それを一言で言うならば、

教師が何を学ばせたいのか、また、子どもが何を学んだかが曖昧な授業が多いこと

です。

まずは、教師の側から。

道徳の授業では、場面ごとに次々と、「登場人物の気持ちを尋ねる発問」が繰り返されることが少なくありません。

気持ちを問い、三、四人の子どもが発言する。すると教師はそれを板書した後、次の場面の気持ちを尋ねます。そしてまた、三、四人の子どもが発言して板書する、が繰り返されるのです。

ある程度時間が来たら、若干唐突に、「これまで、あなたは、○○したことがありましたか（○○は『親切』などの道徳の内容に関する言葉）」のような、生活を振り返る指示がなされます。そして、その後、教師のまとめとなります。

しかし、よく考えると、授業の「ねらい」としていることと、それぞれの「発問」がどのよ

うに結び付いているのかが、あまり明確ではありません。

それは、子どもの発言のどれをよいとし、どれを不十分とするのか、教師の方で予め計画されていないことでもあります。だから、板書においても、人物の気持ちと道徳の内容（価値）に関する記述（例えば、「親切にすることは大切である」など）以外に何を書くか明確にできないことにもなるのです。

それが証拠に、道徳授業の指導案に、「学習活動」や「子どもの反応」という欄や記述はあっても、「学習内容」「学習事項」に関する記述は少ないでしょう。

そして、何となくの計画ゆえ、同じ道徳の内容を扱う授業なら、資料や学年が違っても、概ね同じような発問や活動になってしまうわけです。


では、子どもの側からはどうでしょうか。

気持ちばかり尋ねられるのだけど、国語のように「ここにこう書いてあるから、こう考えているに違いない」と答えると、「道徳では、書いてあることにあまりこだわることはない」と言われます。だから、自分の体験を踏まえて自由に答えるのですが、それがいいのか悪いのか、明確に示されないままに、次の場面に移ります。

しばしば、子ども自身ですら、授業の前に考えていた「自分なりの道徳の内容に関する考え（例えば、親切観だとか、規範意識だとか）」と、授業の終わりのそれとにそれほど差がないことに気づいてしまいます。

つまるところ、授業が、楽しくないのです。「わかった」とか「なるほど」などの認識や納得が得られず、学び甲斐の感じられにくい授業となります。

では、これら、課題のある教師の教え方、子どもの学ばせ方の「最大の問題点」は、どこにあるのでしょうか。

それは、これまでの道徳授業論で、「ねらい」「学習内容」「学習方法」について一貫した主張が少なかったということかもしれません。

いや、むしろ、「一貫性のある主張はたくさんあったのだけど、多くの現場の教師に浸透してこなかった」ということが原因ではないでしょうか。

ならば、今こそ、これまでの道徳授業の各種方法を整理しつつ、まさに、子どもの実態を踏まえ、現場の教師に「なるほど」と受け止められ、取り入れてもらえる道徳授業の進め方を考えることが必要だと考えます。
それが、道徳授業のユニバーサルデザインです。

第2章

道徳授業のユニバーサルデザインとは

一　道徳授業のユニバーサルデザイン

道徳授業のユニバーサルデザインの定義は次のとおりです。

> 学力の優劣や道徳的な見方・考え方の違い、発達障害の有無にかかわらず、すべての子どもが、楽しく「考える・わかる」ように工夫・配慮された通常の学級における道徳授業のデザイン

この考え方は、「すべての子ども」が参加、活動できるよう授業の「ねらい」や「学習内容」、「学習活動」など授業全体をデザインしていくことを目指しています。

学力の優劣や発達障害の有無、道徳的な見方・考え方や日頃の生活態度の良し悪しにかかわらずです。

特に、本書では、全員が参加、活動できる「授業全体の工夫」を述べます。

さて、楽しく「考える・わかる」についてですが、道徳授業で「考える」ことは一般的だとしても、「わかる」とはどういうことなのか、と思われる方もいらっしゃるでしょう。算数や

国語等の教科ではないのだから、「わかる」ことは必要ないのではないか、と。
ユニバーサルデザイン化された道徳授業では、「考える」だけではなく、この「わかる」を大切にしていきます。

道徳授業での「わかる」とは、「新たな道徳的な見方・考え方」、あるいは、「新たな道徳的な価値観」の獲得と言えます。

その道徳授業ならではの「学習内容」の理解、認識と言い換えることもできます。「なるほど、（その道徳の内容：例えば、「親切」については、）そう考えればよいのだな」という「納得」を指します。

また、「そう考えるとすれば、自分はこれまで……」あるいは「これからの自分は……」のように、わかったことは、自分を見つめるものさし、観点としても機能します。

わかった内容は、その授業ならではの学習内容であり、自分を見つめるための「自己評価観点」とも言えるのです。

二 よりよく生きる力

では、その授業の中で育むのは、何かと一言で言うなら、「よりよく生きる力」です。通常の道徳授業の目指すものと変わりがありません。確認しましょう。

よりよく生きる力とは、

人としてのよさや自己の生き方についての考えを深め、主体的によりよく生きることができるような内面的な資質

です。少しわかりにくい言い方ですが、学習指導要領の文言なら「道徳的実践力」です。内面的な資質ですから、教科のように「できる」ことや「技能を身に付ける」ことを目標としていません。「指針（見方・考え方、価値観）」や「エネルギー（関心・意欲・態度など）」にあたるものが、よりよく生きる力です。

三 授業のユニバーサルデザイン

ここで、授業のユニバーサルデザインの基本的な考え方をおさらいします。

授業のユニバーサルデザイン研究は、筑波大学附属小学校の桂聖先生と国立特別支援教育総合研究所総括研究員（当時）の廣瀬由美子先生が立ち上げた研究会からスタートしました。

桂先生の著書『国語授業のユニバーサルデザイン』に詳しく述べられています。

少し紹介しましょう。授業のユニバーサルデザインとは、教科教育と特別支援教育の融合を目指し、学力の優劣や発達障害の有無にかかわらず、全員の子どもが、楽しく「わかる・できる」ように工夫・配慮された通常の学級における授業のデザインのことです。

工夫と配慮についてですが、授業づくりの工夫をした上で、個別の配慮をするという順序で授業をデザインしていきます。

配慮が必要な気になる子どもAさんに対する授業全体の工夫や個別の配慮は、その他のBさんやCさんにも楽しく「わかる・できる」授業にする上で有効だという考え方です。

明星大学の小貫悟先生が二〇一二年に提案された「授業のユニバーサルデザイン化モデル」により、その具体的な研究の視点が示され、一層の取組が進んでいるところです。

授業のユニバーサルデザイン化の要件として、桂先生は、先の著書の中で、

○授業を焦点化（シンプルに）する
○授業を視覚化（ビジュアルに）する
○授業で共有化（シェア）する

の三つが不可欠だと提起しています。

さらに、『社会科授業のユニバーサルデザイン』を出された関西学院初等部の村田辰明副校長先生は、この三つの要件に加えて、

○社会科授業をスパイラル化する
○社会科授業で動作化する
○社会科授業をスモールステップ化する

を加えておられます。

それぞれの教科の特性により主張には多少の違いがありますが、今後とも子どもを第一に考

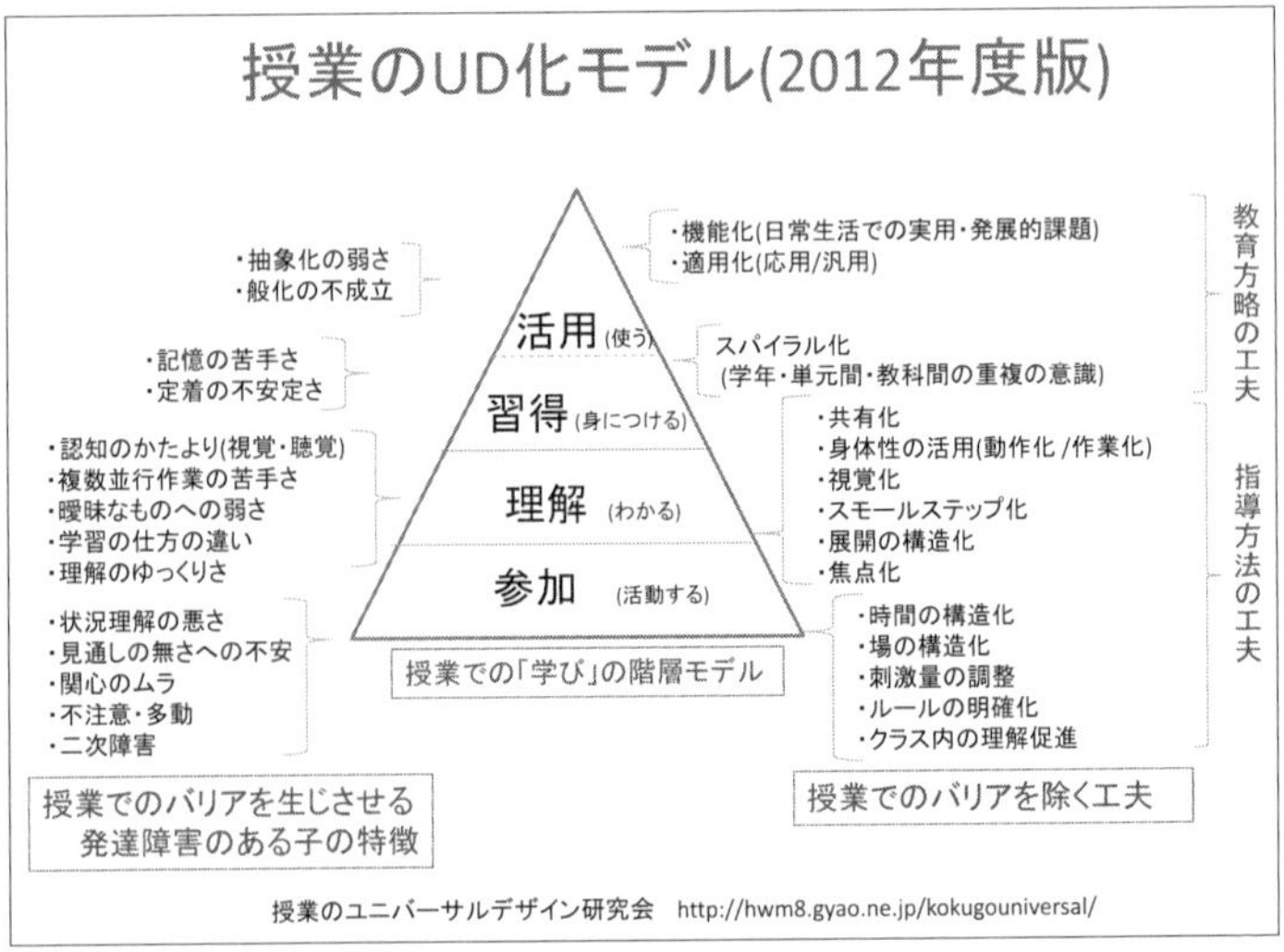
授業のUD化モデル(2012年度版)
活用(使う)
習得(身につける)
理解(わかる)
参加(活動する)
授業での「学び」の階層モデル
・抽象化の弱さ
・般化の不成立
・記憶の苦手さ
・定着の不安定さ
・認知のかたより(視覚・聴覚)
・複数並行作業の苦手さ
・曖昧なものへの弱さ
・学習の仕方の違い
・理解のゆっくりさ
・状況理解の悪さ
・見通しの無さへの不安
・関心のムラ
・不注意・多動
・二次障害
授業でのバリアを生じさせる
発達障害のある子の特徴
・機能化(日常生活での実用・発展的課題)
・適用化(応用/汎用)
スパイラル化
(学年・単元間・教科間の重複の意識)
・共有化
・身体性の活用(動作化 /作業化)
・視覚化
・スモールステップ化
・展開の構造化
・焦点化
・時間の構造化
・場の構造化
・刺激量の調整
・ルールの明確化
・クラス内の理解促進
授業でのバリアを除く工夫
教育方略の工夫
指導方法の工夫
授業のユニバーサルデザイン研究会　http://hwm8.gyao.ne.jp/kokugouniversal/

えた授業づくりの工夫や配慮の実践研究が進んでいくものと期待されています。

四 章構成

本書では引き続き、次のように論を進めます。

第3章では、道徳授業の「焦点化」について述べます。道徳授業の最大の課題である「ねらい」「学習内容」の設定の仕方です。更に、その学習内容を子どもに獲得させるための投げかけである「発問」の焦点化にも触れます。道徳授業づくりの基盤、授業の幹にあたります。

第4章では、道徳授業の「視覚化」について述べます。授業の工夫が最も見えやすいところでしょう。資料提示の場面、子どもが考える場面、そして話し合う場面の三つを取り上げて、その視覚化の工夫を提案します。資料提示の部分では、その前段階としての「資料へのしかけ」についても述べます。国語科や社会科など教科では行われることが多くなってきた工夫の「道徳授業版」です。

第5章では、「共有化」について述べます。

特に、振り返りの場面を取り上げて、そのユニバーサルデザイン化を目指します。互いに認め励まし合うなど、人とのやりとりの中で自分を見つめる工夫を提案します。

第6章では、「身体表現化」について述べます。

動作化や役割演技など、これまで道徳授業で行われてきた活動を「身体表現化」としてまとめ、全員が参加、活動する中で「考える・わかる」授業にする工夫を提案します。

特に、「今後の生活で生かせそうな感覚」、「できそうだという前向きな気持ち」を高める身体表現について触れます。技能を身に付けさせることをめあてにはせず、それを支える「実践意欲や態度」を培うことができると考えています。

発問や振り返りなどは、同じ事柄を複数の章で繰り返し述べています。それは、一つの事柄がそれぞれ違う観点からとらえられるからですのでご理解ください。

第3章

焦点化

一　道徳授業を焦点化するとは

道徳授業を「焦点化」するとは、授業のねらい、学習内容、発問を一層具体的にすることです。

道徳授業に関する悩みの一つに、「その授業で、子どもに何を学ばせたらよいのかがわからない」ということがあります。授業のねらいや内容が不明瞭だというのです。だから、授業評価も難しいわけです。

全員活動の授業を目指す「授業のＵＤ化」を進める上では、授業のねらい、学習内容、そして、それを引き出すための発問について、これまで以上に「明確化」「焦点化」することが必要です。

ここでは、ねらいの焦点化、ねらいを実現するための学習内容の焦点化、学習内容を引き出すための発問の焦点化の「三つの焦点化」について述べます。

二　ねらいの焦点化

道徳授業のねらいをどう焦点化するかという課題において、重要なことは二つあります。

一つは、学習指導要領に示されている「道徳の内容」をどう「授業のねらい」に焦点化するかということです。

もう一つは、道徳の時間の目標である「道徳的実践力（道徳的心情、道徳的判断力、道徳的実践意欲と態度）」をどう「授業のねらい」に焦点化するかということです。

ご存じのとおり、一般に、道徳授業のねらいは、例えば、低学年1－(2)勤勉・努力では、「自分がやらなければならない勉強や仕事は、しっかりと行おうとする態度を養う」のように、前者（道徳の内容である傍点部分）と後者（道徳の時間の目標である傍線部分）を組み合わせてつくられています。


したがって、ねらいの焦点化という場合、この二つの焦点化について述べる必要があります。

まずは、一つ目から考えていきましょう。

㈠　道徳の内容から、ねらいを焦点化する

①　道徳の内容と授業のねらい

繰り返しになりますが、ここで述べる「道徳の内容」とは、小学校学習指導要領第3章の第2に記載されている「内容」のことです。後述する「授業における学習内容」と混同しないようにしてください。

そこには、「道徳の時間を要として学校の教育活動全体を通じて行う道徳教育の内容は、次のとおりとする」として、低・中・高学年別に示されています。

「主として自分自身に関すること」、「主として他の人とのかかわりに関すること」、「主として自然や崇高なものとのかかわりに関すること」、「主として集団や社会とのかかわりに関すること」の四つの視点の中に、例えば、「自分がやらなければならない勉強や仕事は、しっかりと行う」や「友達と仲よくし、助け合う」などがあります。

低学年で一六、中学年で一八、高学年で二二、中学校で二四内容です。

道徳授業は、学校の教育活動全体を通じて行う道徳教育の要ですから、この「道徳の内容」を「授業のねらい」にして実践することが必要です。

では、学習指導要領に示されている「道徳の内容」を「授業のねらい」に生かすには、どのような焦点化が必要でしょうか。

これまで、一般に、「道徳授業のねらい」には、学習指導要領に示されている「道徳の内容」をそのまま記述することが少なくありませんでした。

例えば、中学年に対して「親切」について学習させたいときには、学習指導要領の内容に示されている「相手のことを思いやり、進んで親切にする」のようなねらいを書きます。

しかし、この「相手のことを思いやり、進んで親切にする」は、学校の教育活動全体を通じて実現すべき内容ですから、たった一時間の道徳授業のねらいとするには、大きすぎます。

② 道徳の内容の一部を授業のねらいに焦点化する

ア 道徳の内容の学年段階の違いに自覚的になる

そこで、道徳の内容の中の一部を選んで、授業のねらいにすることが必要となります。

引き続き、「思いやり、親切」の内容を使って、具体的に説明しましょう。

一言に「思いやり、親切」の内容と言っても、低、中、高学年段階ごとに特徴があります。

まずは、学年段階の内容の違いを踏まえる必要があります。

「そんな基本的なことは、だれでも知ってる」とおっしゃる人は多いとは思いますが、学習指導要領を見ずに、低学年の「思いやり、親切」の内容の特徴が言える人は少ないでしょう。ましてや、低学年の特徴を自覚的にとらえ、意図的に授業を仕組んでいる人は、もっと少ないのではないでしょうか。

低学年の特徴は、親切の対象が「身近な人」です。しかも「幼い人」や「高齢者」などです。同じ年齢の人には、親切にしようという思考が働きにくいという発達特性があるからです。また、同じく対象という観点から言うと、高学年は「だれに対しても」（つまり初めて会った人にも……）となっており、相当レベルの高い内容となっています。

そう考えると、各学年段階とも、それぞれの内容に対応するように、資料の登場人物やあらすじが構成されているのに気づくでしょう。

また、ご存じのとおり、低学年では、「思いやり」の心は求めていません。その前段階である「温かい心」で接するとしています。「思いやる」とは、相手の立場を考慮して、「自分の相手への思い・配慮を遣る」ことです。低学年では、相手のことに意識が十分いきませんから、「温かい心」持ちで行動するならそれでよいこととしているのです。

中、高学年では、「相手のことを思いやる」とか、「相手の立場に立つ」ことを強調しています。また、中学年が「進んで親切にする」と表現しているのは、中学年の生き生き、伸び伸びした発達特性を考えてのことです。

イ　当該学年段階の内容の一部を焦点化して授業のねらいを設定する

また、学年段階の違いに自覚的になるだけではなく、その中の一部分に焦点化することが必要となります。

例えば、「思いやり、親切」の内容は、心の有り様にかかわる「思いやり（低学年　温かい心）」の部分と、行動にかかわる「親切」の二つから構成されています。

低学年であれば、その授業で、「温かい心」と「親切」の両方ともねらうのか、それとも、どちらかにするのか、また、対象は、「幼い人」なのか、「高齢者」なのかなどを検討することが必要となります。

当該学年段階の道徳の内容のどの部分に焦点化して、授業のねらいを立てるのかは、子どもの状況、それを踏まえた教師の思い、そして、扱う資料の内容によって決めることとなります。

(二) 道徳の時間の目標からねらいを焦点化する

① 学習指導要領における道徳の時間の目標

では、二つ目の課題について考えていきましょう。

道徳の時間の目標は、「道徳の時間においては、以上の道徳教育の目標に基づき、各教科、外国語活動、総合的な学習の時間及び特別活動における道徳教育と密接な関連を図りながら、計画的、発展的な指導によってこれを補充、深化、統合し、道徳的価値の自覚及び自己の生き方についての考えを深め、道徳的実践力を育成するものとする」となっています。

「道徳的実践力」とは、「道徳的心情」「道徳的判断力」「道徳的実践意欲と態度」などです。先に述べたように、授業のねらいの文末が、「〜という心情を養う」とか「という態度を培う」などとなることが多いのは、この「道徳的実践力」の三つのうち、一つに焦点化して書いているからです。

② 三つの違いと授業づくり

では、道徳的心情を養う授業と判断力を養う授業、実践意欲と態度を養う授業では、具体的にどのように違うのでしょうか。この点を意識して授業づくりをしているかどうかというと、自信がない人が多いのではないでしょうか。

ア　道徳的心情を養う授業

道徳的心情とは、「道徳的価値の大切さを感じ取り、善を行うことを喜び、悪を憎む感情のこと」です（以下、カギカッコ内は「学習指導要領解説」からの引用）。

また、「人間としてのよりよい生き方や善を志向する感情」であり、「道徳的行為への動機として強く作用する」とされています。

道徳的心情を養う授業には、次のような特徴が必要だと考えています。

> ・価値そのもののよさや善を行うよさを考えたり話し合ったりする活動がある。
> ・反対に、不十分な行いや悪への嫌悪感などを出し合う活動がある。
> ・資料中の人物の心情を想像したり、自分ならどう感じるかなど心の有り様を考えたりする活動がある。

一言で言うなら、心情把握や共感的理解を大切にする授業です。

イ　道徳的判断力を養う授業

道徳的判断力とは、「善悪を判断する能力」のことです。

また、「人間として生きるために道徳的価値が大切なことを理解し、様々な状況下において人間としてどのように対処することが望まれるかを判断する力」であり、「それぞれの場面において機に応じた道徳的行為が可能になる」とされています。

道徳的判断力を養う授業には、次のような特徴が必要だと考えています。

- 登場人物の行為や心の有り様に対して、その善し悪しを考えたり話し合ったりする活動がある。
- 善し悪しを考えるだけではなく、なぜ悪いか、どう悪いかなど、その理由や程度について考える活動がある。
- 二項対立の活動や立場を選んで話し合う活動がある。

一言で言うなら、対比や選択の活動があり、批正的な話し合いがある授業です。

ウ　道徳的実践意欲と態度を養う授業

「道徳的心情や道徳的判断力によって価値があるとされた行動をとろうとする傾向性」を意味しています。

また、「道徳的実践意欲は、道徳的心情や道徳的判断力を基盤とし道徳的価値を実現しようとする意志の働き」です。そして、「道徳的態度は、それらに裏付けられた具体的な道徳的行為への身構え」と言われています。

道徳的実践意欲と態度を養う授業には、次のような特徴が必要だと考えています。

- **展開後半や終末において、今後の夢や希望を考える活動がある。**
- **今後の行動や生き方に関する具体的なめあてや行動を考える活動がある。**

一言で言うなら、なりたい自分像やそれに向けた思いを想定する活動がある授業です。

学習指導要領の解説編にも述べられているように、これら三つは、道徳的習慣などとも合わせて、道徳性の諸様相と言われ、「それぞれが独立した特性ではなく、相互に深く関連しながら全体を構成しているもの」であり、「これらの諸様相が全体として密接な関連をもつように指導すること」を踏まえることが大切です。

三 学習内容の焦点化

道徳の授業に「学習内容」があるのか？ と疑問に思われる人も少なくないかもしれません。道徳の授業にも学習内容が必要です。まずは、そのことに触れましょう。

㈠ 道徳の授業と学習内容

一般に見られる「道徳の学習指導案」には、「子どもの意識の流れ」や「子どもの発言、反応」という欄はあるものの、他教科にあるような「学習内容」「学習事項」が書かれているものは、少ないのではないでしょうか。

ＵＤの授業では、全員活動を目指します。また、何を学ぶかを明確にし、また、焦点化して子どもの学びを保障します。

そのため、従前の道徳の授業よりは、一層明確に、学ぶ内容を設定する必要があります。そもそも、学習内容がない授業は、授業とは言いづらいわけですから、それを設定することは、至極当たり前のことです。

では、教科の学習内容とどう違うのでしょうか。道徳授業では、例えば、「技能」を内容とすることはありませんし、「知識・理解」も他教科に比べれば比重が小さいです。

逆に、「見方・考え方」や「関心・意欲」にかかわる内容は、非常に大きく扱います。「道徳的な見方・考え方」は、先ほどの「道徳的判断力」や「道徳的心情」に大きく関係していますし、「関心・意欲」は、「道徳的実践意欲や態度」、「道徳的心情」とも言えるからです。したがって、その授業、その資料ならではの学習内容を明確にし、その上で、そのどれに重点を置いて指導するのかという学習内容の「焦点化」を行う必要があるのです。

(二) 学習内容と資料

では、授業のねらいを踏まえた上で、学習内容をどのように焦点化すればよいのでしょうか。

このことを考えるときに、外すことができないのが、「資料」です。授業の学習内容は、資料の中味と密接に関連しています。「この資料だから、この学習内容になる」というわけです。

「絵はがきと切手」(中学年　思いやり　親切)を例にとって学習内容を考えてみましょう。

この資料は、転校していった友達の正子から絵はがきが届いたものの、規格外だったので切手代が足りず、受け取った主人公がその不足分を払ったという話です。主人公は、兄の「不足の事実を知らせることが友達だ」という考えと、母の「お礼だけ言っておいたほうがいい」という考えの間で迷い、最後には、言うことにします。

中学年の学習指導要領にある「道徳の内容」には、「相手のことを思いやり、進んで親切にする」と記述されています。

では、学習内容をどう設定すればよいでしょうか。

「相手のことを思いやること」や「進んで親切にすること」でしょうか。もしも、これなら、それは、「授業のねらい」レベルですから、この授業、この資料でなくてもかまわないことになります。

学習内容とは、教師の立場から言えば、その授業ならではの「指導事項」ですから、もっと具体的であるほうが望ましいと言えます。

「相手のことを思いやる」の具体を、この資料を踏まえて設定することが「学習内容の設定」、「学習内容の焦点化」です。

例えば、この資料の場合、「相手がたとえ嫌な気持ちになることが予想されたとしても、相手のためになるのであれば、一時的には相手の気分を害すかもしれないことを教えること、注意することも相手を思いやることの一つである」などになります。

低学年は、「自分がしてあげたいことをすること」が温かい心や親切の中味です。また、「相手がしてほしいと思っていることをすること」も親切の解釈です。だから、お節介と区別が付きにくい親切もあります。低学年はそれでいいのです。

しかし、中学年からは、親切観に大きな変更があります。それが、この資料などにある「相手のためになるなら注意することが大切である」という親切観です。この授業では、それを学習内容の中心にすることが求められるのです。

なお、他の箇所でも述べていますが、学習内容は、「……することが大切である」、「……する場合がある」、「……という意味である」という一文、または、二文に表現すると明確にしやすいということが少なくありません。

㈢ 学習内容設定の原則・条件

学習内容は、資料に応じて、それぞれに設定することができます。また、同じ資料であっても、子どもの実態や教師の願い、教師の資料解釈によって、複数設定することができます。

この「絵はがきと切手」においても、「相手のためになるなら注意することも親切である」以外の学習内容の設定が可能です。

例えば、「相手に親切にするときには、結果として知らせる（注意する）にしても知らせない（注意しない）にしても、相手のことをしっかり考えることが大切である」や「親切にする上では、自分が逆の立場なら、どうしてほしいかを十分考えることが大切である」や「人に親切にするときには、いろいろな人（兄や母など）の考えを積極的に聞き、自分の判断に生かすことが大切である」などです。

「思いやり、親切」の学習内容に限らず、道徳の内容を授業の学習内容に設定する際には、共通の「原則」や「条件」があると考えています。

例えば、次のようなことです。

・伴う条件の理解（相手の立場に立って親切にする上では、時に、自分が犠牲になったり損をしたりすることがある、など）
・当てはまらないものへの理解（相手の立場に立って親切にするとは、単に自分がしたいからするお節介や自己満足の行動とは違う、など）
・場面や具体、対象の理解（だれに対しても思いやりの心をもつとは、自分に対して不親切な人、乱暴な人などに対しても親切にすることでもある、など）
・人としての弱さや醜さを克服する尊さの理解（人は、相手に親切にしたいと思えないことも少なくないが、それを乗り越えて親切にすることができる。それは尊いことである、など）
・善を行うことの快、悪を行うことの不快の理解（人に親切にすることは、気持ちよいことであり、逆に人に不親切にすることは、気持ちの悪いことである、など）

このような原則を頭に浮かべながら資料を読むと、学習内容を設定しやすくなります。

四 発問の焦点化

授業は、ねらい、学習内容、学習方法の三つの概念から成り立ちます。発問は、内容と方法を結び付けるものです。

子どもに学習内容を獲得させる上で必要な学習活動を子どもに促す「問いかけ」や「指示」が発問だからです。

発問の焦点化として、私が主張したいことは、「対比・検討の発問」（問い返しの発問）を重視することが大切であるということです。

これについては、「話合い活動」の文脈に沿って説明するほうがわかりやすいため、第４章「話し合いの視覚化」の中で述べています。

そこで、ここでは、その発問を含めての四つの種類の発問の概要と発問をする際の留意点について述べておきます。

発問の種類やそれぞれの効果を踏まえて、授業に生かすことが、「発問の焦点化」として欠かせないからです。

㈠「対比・検討の発問」以外の「発問三種類」

「対比・検討の発問」（問い返しの発問）以外に、道徳授業の発問として、一般に三つの種類の発問があります。

三つとは、「場面発問」「テーマ発問」「振り返り発問」です。このうち、「場面発問」と「テーマ発問」という用語及び整理については、前文部科学省教科調査官で、現在東京学芸大学教授の永田繁雄氏が提唱されていますので、参照いただきたいと考えています（『道徳教育』二〇一三年五月号七三～七五頁など）。

その主張を踏まえ、私がこれまで、発問の焦点化で留意してきたことは次の点です。

① いわゆる「場面発問」（共感的理解や批判的な思考）

資料の一場面に焦点を当てて、そのときの人物の心情や行為について考える発問のことです。従来から、非常に多くの道徳授業の発問として活用されてきたものです。

ア　人物の心情を問う発問

「人物が～しているとき、どのようなことを考えていただろうか」に代表される発問です。その際、「どのような気持ちか」と問うと「悲しい」や「楽しい」など、抽象的な心情理解に留まってしまうという欠点があります。

そこで、「どのようなことを考えていただろうか」「心の中で何と話しているだろうか」「前の場面と違って、どんな考えが大きく（小さく）なっただろうか」など「気持ちの具体的な内容や経過、変化」がとらえられやすいように問うことが効果的です。

また、この発問は、人物の立場に立ち、あるいは、人物になりきって共感することが目的となります。したがって、その共感が、学習内容につながる場合に行うことが必要です。

そして、このような発問は、先に述べたねらいである道徳的実践力の中の道徳的心情を膨らませることに適していることが多いと考えています。

イ　人物の行為を問う発問

「人物が～したのは、どのような理由からだろうか」や「人物が～したことは、よいだろうか」に代表される発問です。

前者は、行為の理由や根拠の理解が学習内容につながる場合に行います。また、後者は、行為の妥当性、善し悪しの理解が学習内容につながる場合に行います。

これらの発問は、道徳的実践力のうち、道徳的判断力を膨らませることに適していることが多いと考えています。

このように、人物の心情や行為を扱うことは、「共感的理解や批正的な思考」を促します。

② いわゆる「テーマ発問」（価値理解）

永田繁雄氏は、先の論考において、場面発問の他に発問を次のアイウに分けています。

ア「人物を問う発問（例えば、登場人物○○のことをどう思うか、など）」

イ「資料を問う発問（例えば、この話から何がわかるか、など）」

ウ「価値を問う発問（例えば、本当の自由…扱う価値内容…とは何か、など）」

に整理されています。

そして、後者になればなるほど「大きな発問」となり、主として「テーマ発問」と呼ぶことができると述べています。ここでは、紹介に留めます。

私は、後に述べる「対比・検討の発問」（問い返しの発問）と合わせて、これらを大きく「主題発問」ととらえています。まさに、本時の主題、ねらい、学習内容に迫るための発問だからです。

そして、これらの発問は、扱う価値について子どもなりの理解を促しますから、「価値理解」の発問と言うことができます。

③　いわゆる「振り返り発問」（自分理解）

三つ目は、自分の有り様を振り返る発問です。それまでに学んだ内容を観点に「自分を見つめる」のです。

自分の見つめ方、振り返り方は、「これまでの自分」と「これからの自分」の二通りあります。

ア　これまでの自分を問う発問

「自分は、はたして、友達のことを思ってはっきり注意したことがあっただろうか」や「相手への遠慮から、相手への注意を曖昧にしていなかっただろうか」などのようにです。

この発問は、自分の弱さや不十分さに目を向けさせることに比重がかかります。

しかし、毎時間自分の不十分な部分ばかりを見つめるのは、つらいものがあります。

そこで、「少しでもできたところはないか」や「もう少しでできそうなところはないか」「これなら、できそうだと思えることはこれまでなかったか」など、プラスの側面に着目してこれまでの自分を見つめさせることが大切になってきます。

できている自分、または、もう少しでできそうな自分に着目させ、自分の生き方に自信をもたせるのです。

イ　これからの自分を問う発問

「今後、友達のことをしっかり考えて、どのように接していったらよいだろうか」や「これから大切にしたい親切な行いについて、自分なりの考えをまとめてみよう」などのようにです。

この発問は、時に、「できもしないのに、めあてや心がけを無責任にまとめさせることにつながる」との批判を受けることがあります。

しかし、その子どもが本当にできるかどうかが問題なのではなく、そのような思いに至ったということそのものに意味があると考えています。

子どもがその学習で、「このように生きたい」と願ったのであれば、たとえそれが普段のその子どもの様子と少し離れていようとも、子どもと共にそれを願い、信じるのが教師の役割です。そして、心の底から励ましてやります。

㈡　対比・検討の発問（問い返しの発問）

四つ目の発問であり、私の主張点である「対比・検討の発問」についてです。前後のつながりについては視覚化のところで述べます。

ア、イで述べた「場面発問」「テーマ発問」をした際に注意しなければならないことは、意見が出そろってからが、本当の学習だということです。

そのため、「場面発問」や「テーマ発問」に続いて行うのが「対比・検討の発問」（問い返しの発問）というわけです。

私は、次のような問い方（観点、種類）があると考えています。

①　どの考えに最も納得できるか（納得度・受け入れ度）

②　どの考えが最もよいか（善悪）
③　どの考えが最もすべきことか（当為）
④　どの考えが最も好きか（好悪）
⑤　どの考えが最も行いやすいか（実現可能性・見通し）
⑥　どれをしたことがあるか（経験の有無）

等です。

これらは、「違い」に着目していますが、反対に、

⑦　どの考えにも共通していることは何か（共通点）

を問い、最も大切にすべき価値観を見つけ出すことも少なくありません。

また、

⑧　視点の転換（「○○さんの立場なら、どれが大切か」「すべての人にとってどれが最も□□だろうか」「今後、この話や主人公はどうなるか」など）

も有効です。

クラスで一つに絞るということではありません。一人一人の子どもの中で対比・検討し、考えを深め、「わかる」を確かにするのです。

㈢ 発問の焦点化

従来の道徳の授業では、「場面発問」がいくつも繰り返され、登場人物の心情が次々と板書されることが多かったように思います。

私は、「場面発問」「テーマ発問」の中からできるだけ選りすぐった発問を数少なく行い、その後に、「対比・検討の発問」を重ねることで、学習内容を獲得させることが重要だと考えています。

そして、その学習内容をものさしにして、「振り返り発問」を行うことが、全員参加、全員活動の授業には、欠かせないのです。

一年生　焦点化の視点を生かした授業

「はしのうえのおおかみ」（低　2－(2)　思いやり　親切）

1　ねらい

意地悪と親切の気持ちよさの違い、及び親切な行動のよさについて話し合うことを通して、年下の人に親切にする気持ちよさと親切が次の親切を生むことに気づき、身近な人に親切にしようとする態度を養う。

2　資料のあらすじ

一本橋で、うさぎと出会ったおおかみは、「こら、こら、戻れ、戻れ。俺が先に渡る」と怒鳴ります。うさぎは、びっくりして後戻りします。この意地悪が面白くなったおおかみは、きつねやたぬきも追い返します。

ある日、熊が来たので、慌てて戻ろうとするおおかみに対して、熊は、「ほら、こうすればいいのさ」とおおかみを抱き上げ後ろにそっと下ろします。おおかみは、熊の後ろ姿をいつまでも見送ります。

次の日、橋の上で慌てて戻ろうとするうさぎをおおかみは抱き上げ、後ろにそっと下ろします。おおかみはなぜか、前よりずっといい気持ちになったのでした。

3 内容の焦点化

低学年の内容と資料から、次の三点に焦点化して指導します。

① 「身近な人」を踏まえて、この指導では、「年下の人」を親切の対象とすること

② 意地悪をしたときよりも親切にしたときのほうが、一層気持ちよいことに気づかせることと

③ 親切にされたおおかみがそのよさに気づき、今度は、自分が小さな動物（年下の友達）に対して親切にするという「親切のつながり」に気づかせること

4 授業の実際

【導入】挿絵と教師の動作を見ながら、資料を聞く。

「はしのうえのおおかみ」というお話を使って、勉強します。出てくる動物の気持ちを考えながら、聞いてくださいね。

展開に時間を確保するため、導入では、授業のめあてである「親切について考える」を板書した後、すぐに資料の読み聞かせを行いました。

読み聞かせでは、「おおかみがうさぎに『もどれ、もどれ』と意地悪を言う場面」「こうすればいいのさ、と熊がおおかみを渡してやる場面」「おおかみが、みんなを渡してやる場面」の三つの挿絵を提示します。また、教師の身振り手振りを合わせて、紙芝居風に読み聞かせました。

時折、感じたことをつぶやく子どもがいます。そんな雰囲気が大切です。

【導入】意地悪よりも親切をしたときのほうが気持ちよい理由を話し合う。

最後の場面でおおかみは、「なぜか前よりずっといい気持ちだった」とありますが、なぜ、ずっといい気持ちだったのでしょうか。

二つの場面の比較をするという場面発問です。一つ一つ考えるよりも時間的にも内容的にも効果的です。

「親切にすると、相手がうれしいと思うから、それが気持ちいい」「意地悪は、相手に嫌われるから、それよりいい」「意地悪は、相手が悲しい気持ちになるから」などが、出てきます。

ここで、教師は、「相手」という言葉を「おおかみにとって、うさぎさんは、小さい人だね」など、「自分より小さい人、弱い人」に置き換えながら繰り返します。そのことで、年下、幼い人という親切の対象を一層意識させます。

意地悪するときの気持ちよさよりも、相手に親切にして喜ばれる気持ちよさのほうが大きいこと（内容②）を共通理解します。

特に、年下の人に親切にすると、自分の気持ちよさも大きくなる、と対象を明確にすることで、内容①を押さえます。このことは、低学年の子どもにも比較的理解されやすいことです。

親切ができるようになる上で、熊の存在に改めて気づかせることがとても重要です。そこで、熊の役割に目を向けさせるため、展開2を行います。

【展開2】熊の役割（親切が次の親切を引き出すこと）を話し合う。

意地悪より親切のほうが、ずっと気持ちいいのに、どうして、おおかみは、はじめから親切にできなかったのでしょうか。

「おおかみは、はじめは知らなかったから」「熊さんに親切にしてもらって、親切にすることを知ったから」「熊に教えてもらった」など、熊の役割についての発言が続きます。

そこで、「人に親切にされると、自分も人に親切にしたくなるんだね」「親切は、次の親切につながるんだね」「親切は次の親切を生むんだ」などと、教師が返します。

これで、この学習の内容③に気づかせます。

更に、気づきを確かなものにするために、以下の「問い返し発問」で深めます。

「親切が次の親切につながる」のなら、この話には続きがあるかもしれません。おおかみに渡してもらった「うさぎ、たぬき、きつねさん」は、だれに親切にするでしょうか。

「続き物語をつくる」というのは「⑧視点を転換する対比・検討の発問」の一つです。それまで学んだことを生かしながら、学習内容を更に深めることができるからです。

黒板に、「熊→おおかみ→きつね・たぬき→うさぎ→りす→ねずみ→とり」と書きながら、自分よりも年下の人に親切にすることが、続いていく様子を板書しました。

【終末】これからの自分について考える。

これから、みなさんは、だれに、どんな親切をしていきたいですか。

「これからの自分を見つめる」ための「振り返り発問」です。

学習内容での親切の対象は、「年下」でした。しかし、ここでは、「年下」だけではなく年上

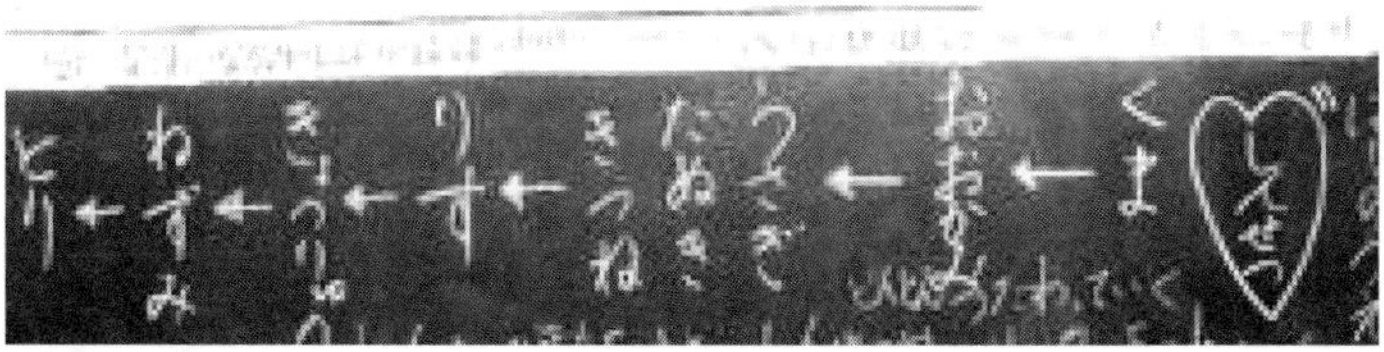

を含めて考えさせました。

年下として書かれていた多くは、兄弟でした。家族愛ともとらえることができますが、近所に住んでいる幼稚園の友達など年下の友達と一緒に遊ぶ、字や計算を教えてあげるなどの考えも出ました。

生活科の学習と関連付けて行うとより効果的といえるでしょう。

三年生　焦点化の視点を生かした授業

「花さき山」（中　3―(3)　敬けん）

1　ねらい

あやが着物を我慢する気持ち、あやが赤い花を咲かせた理由について話し合うことを通して、やさしい行為が生き方として美しいということに気づき、気高い行為に感動する心情を養う。

2　資料のあらすじ

一〇歳のあやという女の子が祭りのご馳走に使う山菜を採りに山に入って迷います。そこで、やまんばに出会い、山一面に咲く花のわけを聞かされます。花は、ふもとの村人がやさしいことを一つすると一つ咲くといいます。あやが昨日妹のために自分の着物を我慢したときにも咲いたのです。別の双子の兄の辛抱が青い花を咲かせました。また、ある人が命を捨ててやさしいことをしたときにこの山も生まれたといいます。

帰った後、あやは時々、今おらの花が咲いているな、と思うことがあるということです（双子及び命を捨ててやさしいことをしたという部分を略している資料もある）。

3 内容の焦点化

中学年の内容と資料から、次の二点について指導します。

① 「美しいものや気高いもの」を踏まえ、家族を思い、着物を我慢するあやの「行為が美しい」ことに気づかせること

② 「感動する心をもつ」を踏まえ、美しい生き方をしたいという気持ちを高めること

4 授業の実際

【導入】挿絵を見ながら、資料を聞く。

「花さき山」という題名を提示し、何人かに感じたことを発表させます。資料への関心を高めるためです。既に、図書室にある絵本を読んだことがある子どももいました。

そして、絵本を見せます。時間的にも内容的（本時に必要のない部分もある）にも全部は必

要ありませんから、副読本に戻り、その中の挿絵を黒板に貼りながら、読み聞かせます。先ほどの「はしのうえのおおかみ」とよく似た導入です。

学習のめあて「やさしさについてかんがえよう」を板書しました。

【展開1】あやが赤い花を咲かせることができたわけを話し合う。

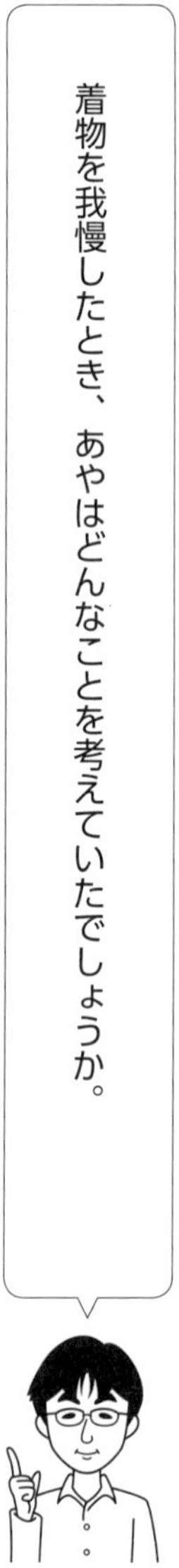
着物を我慢したとき、あやはどんなことを考えていたでしょうか。

赤い花を咲かせることができた理由を話し合う前に、その前提として、あやが着物を我慢したときの考えや気持ちをとらえておくことは子どもの学びとして意味があります。

これは、場面発問の典型です。

「家が貧しくて二人分の着物は買えないから我慢した」「妹を喜ばせたいと思っていた」「お母さんを悲しませたくない」など、すぐに共通理解できました。兄弟姉妹とのやりとりは、普段の生活の中にあるからです。

あやが赤い花を咲かせることができたのは、どのような理由からでしょうか。

「やさしいことをすれば花がさく」の一文を書いた後、発問しました。

発表された内容は、板書の写真（まだ、数字は未記入の段階）にあるとおりです。「我慢したこと」「譲ったこと」「喜ばせたこと」「節約したこと」など、似た意見をまとめながら板書します。

どの考えも、花を咲かせた理由です。

しかし、資料に「つらいのをしんぼうして、自分がやりたいことをやらないで、なみだをいっぱいためてしんぼうすると、そのやさしさと、けなげさが、こうして花になって、さきだすのだ」とあるように、「やさしい行為が美しく、気高い」のだ、という理解にまでは至っていません、ここでは、それを確かにすることが大切となります。

そこで、引き続いて、「対比・検討の発問」を行うこととしました。

【展開2】あやのやさしさについて話し合う。

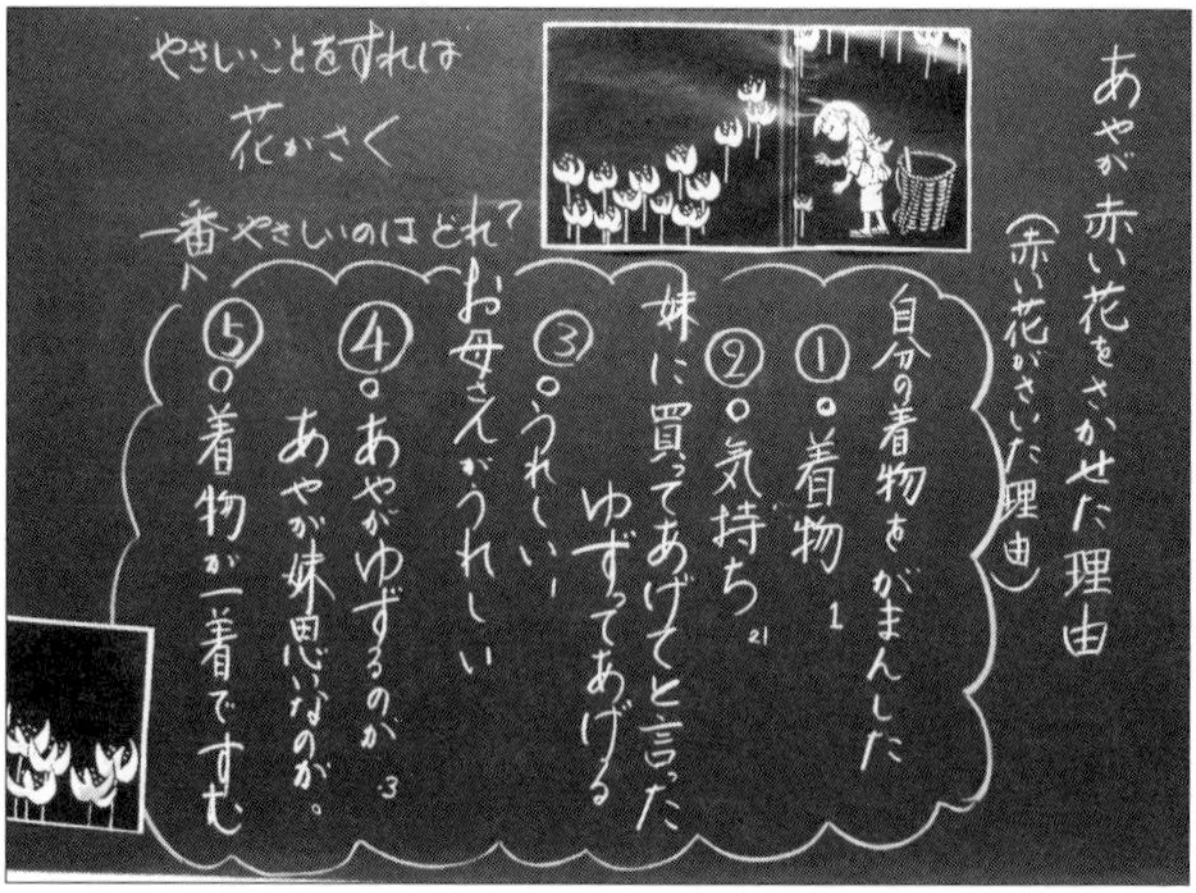

あやのこれらのやさしさの中で、どれが一番すばらしいと思いますか。

考えやすいようにするため、板書にあるように、①着物を我慢したこと、②（着物はもちろんだけど、ほしいという）気持ちを我慢したこと、③お母さんもうれしいと喜ばせることができたこと、④あやが妹思いなこと、⑤着物を一着で済ませられたこと、の五つに番号を付けました。

「一つを選べ」と言われれば、人（特に子ども）は、日頃の自分と比べて考えざるを得なくなります。そのことで、自分から最も遠い（自分ができにくいと思う）すばらしさを考えさせ、選んだ行為を「美しく、気高いやさしさ」としてとらえさせたいと考えました。

したがって、どれが一番かについて所与の解答はありません。それぞれの自分にとって一番があるのです。そして、それらすべては、「美しく、気高い」のです。

②、④の順に選ぶ子どもが多くありました。

この後、学んだことを一層確かにするため、文章化します。

授業をつくる上で、学習内容を焦点化するのは教師の仕事ですが、実際の授業の中では、子どもも学習内容を焦点化することが求められます。そこで、「文章化」です。

高学年なら、「わかったこと、学んだことを書きなさい」とするところです。しかし、中学年なので、ブランクのある文章を教師から提示し、その（　）内を自分なりの言葉で埋めるという方法にしました。

提示した文章は、写真にあるとおり、次の二文で、それぞれ、その子どもなりの言葉が入れられました。

ア　やさしさは、自分が（　　　　　　）することです。

入れられた言葉は、

・「がまん」「どうしたの？　と言う」「人を助けること」「親切にすること」「ほしい気持ちを我慢すること」などでした。

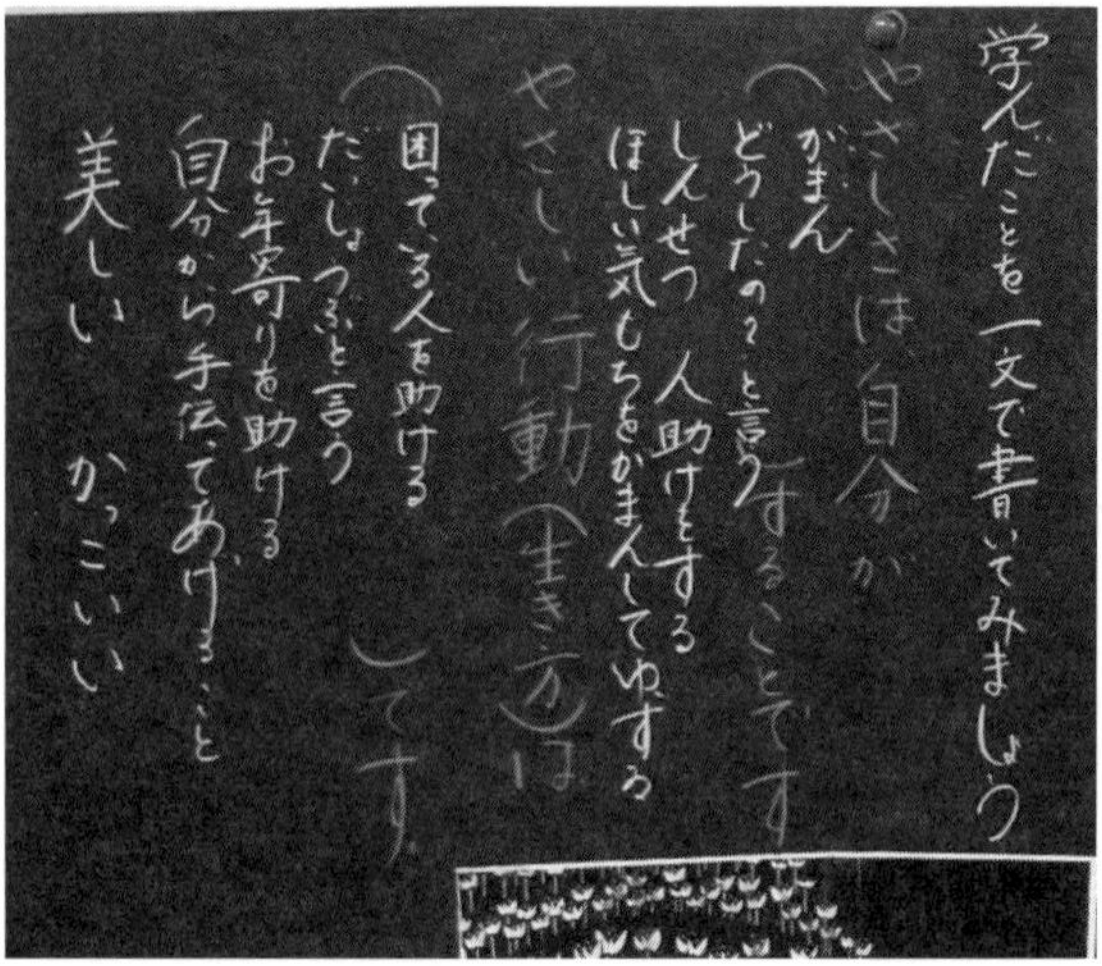

イ　やさしい行動（生き方）は、（　　　）です。

・「困っている人を助ける」「お年寄りを助ける」「自分から手伝うこと」などでした。

教師は、これらをまとめるようにして、そのような生き方、行動は、「美しい」「人としてかっこいい」とまとめました。

【終末】教師の話を聞く。

敬けんの内容から、自らを振り返ることは難しいので、この授業では、「振り返り発問」は行いませんでした。

そこで、その代わりとして、教師がまとめの話をしました。学習内容を一層意識化させる上で、教師の話が有効なことは少なくありません。

この絵本では、やさしいことをして咲く花は、「花さき山」に咲きます。
では、私たちの生活では、花は、どこに咲くと思いますか。

美しいという言葉が、形あるものだけではなく、生き方や行動など形として見えにくいものの形容に使われるという学習は初めてでしょうから、丁寧に話して聞かせます。

「やさしく、美しい生き方は、人がよりよく生きる上での目標・めあての一つだと思います。みなさんのような子どもだけでなく、私のような大人にとっても美しく生きたいとの願いは強いです。やさしく、美しく生きれば、花は、相手と自分の両方の心の中に咲くのではないかと思います。花さき山は、一人一人の心の中にあると考えることもできそうです。互いにやさしく、美しく生きて、それぞれの心の中に花を咲かせたいものです」

焦点化のポイント

これまで述べてきた「焦点化」のポイントは、次のとおりです。

1 ねらいの焦点化

◆道徳の内容の学年段階の違いを十分把握する。
◆当該学年段階の道徳の内容の一部分に焦点化する。
◆道徳的実践力の三つである道徳的心情、道徳的判断力、道徳的実践意欲と態度のいずれかに焦点化する。
◆道徳の内容の一部分と道徳的実践力の諸様相の一つを組み合わせてねらいを構成する。それに応じた学習活動や発問を工夫する。

2 学習内容の焦点化

◆道徳授業に学習内容を設定して授業づくりをする。
◆ねらいと資料に応じた学習内容を設定する。その際、複数構想する。そして、子どもの実態や教師の願いに応じて、一つ二つを選択する。
◆授業で示す学習内容は、「見方・考え方」「関心・意欲・態度」が中心である。予め端的に一文や二文で表現しておくと、板書や教師の発言に生かすことができる。

3 発問の焦点化①

◆場面発問1（心情を問う場合）

心情の経過、変化を問うと深まる。複数の場面を比較する方法も効果的。

◆場面発問2（行為を問う場合）

善し悪しや当為を問うと深まる。

行為選択の結果よりも理由が重要。

◆主題につながるテーマ発問がある。

◆振り返り発問

これまでの自分を問う場合は、できたことやできそうなプラス面を問う。これからの生活や行動を問う場合は、子どもの願いに寄り添い、励ます。

4 発問の焦点化②

◆対比・検討の発問（問い返し発問）

他の発問の後に続けて考えを深める。

① どの考えに最も納得できるか（納得度・受け入れ度）

② どの考えが最もよいか（善悪）

③ どの考えが最もすべきことか（当為）

④ どの考えが最も好きか（好悪）

⑤ どの考えが最も行いやすいか（見通し）

⑥ どれをしたことがあるか（経験）

⑦ 共通していることは何か（共通点）

⑧ ○○の立場ならどれが大切か、話の展開は今後どうなるか（視点の転換）

第4章

視覚化

一 道徳授業を視覚化するとは

道徳授業を「視覚化」するとは、視覚的情報を効果的に活用し、興味・関心、理解、思考、話し合いなどの「活性化、見える化」を図ることです。

道徳授業は、どちらかというと聴覚的情報優位です。特に、発問に対して子どもが、考えたり、話し合ったりする活動は、文字または、音声言語がほとんどです。一部の発表上手な子どもによる「言葉の空中戦」に、ついていけない子どもが少なくありません。授業者共通の悩みと言えるでしょう。

視覚的情報を用いやすい資料提示の場面においても、工夫次第でより一層、興味・関心を高めたり、理解、思考を深めたりできると考えます。

ここでは、便宜的に、資料提示の場面、発問に対して子どもが自分の考えをまとめる場面、そして、それをもとに話し合う場面の三つに分けて述べます。

二　資料提示の視覚化

資料提示を視覚化する目的、つまり視覚化の効果は、次の三つです。

ア　資料への興味・関心を高めること
イ　資料の理解を容易に、また、確かにすること
ウ　資料の場面や内容に対して思考を促したり、深めたりすること

例えば、ペープサートや紙芝居、ビデオ等で資料を提示する目的は、アの興味・関心、イの理解が主です。動きや絵、映像なら資料に描かれている状況、内容が容易に理解できるからです。

教師の音読が一般的である資料提示において、黒板に挿絵や鍵となる文を添付するのも、同様の効果を期待してのことです。

それに対して、これまで、弱かったと思われるのは、ウの思考の促しや深化に対する視覚化です。

資料の特定の場面や内容に対する思考の促しや深化をねらって、予め資料に手を加えて提示することはこれまであまり行われてきませんでした。

このことを、資料（教材）の資料化（教材化）と呼んだり、資料に「しかけをする」と言ったりします。筑波大学附属小学校の桂先生が提唱されています。その主張も参考にしながら、これまで、道徳授業で行われていた資料化を整理するとともに、新たな方法（視覚化、資料化）を提案しましょう。

① 強調

ある一部分を視覚的に強調することで、その内容に着目させる資料提示の工夫です。

重要な文や段落を短冊黒板などに書いておき、教師の音読と同時に黒板に添付するなどします。否が応でも、その表現に注目せざるを得ません。

強調は、資料の視覚化において、最も一般的な方法と言えるでしょう。

例えば、「ブラッドレーのせいきゅう書」（中学年　家族愛）では、ブラッドレーとお母さんの二枚の請求書を画用紙等に書き、黒板に並べて提示します。ブラッドレーはおつかい代など四ドルを求めた請求書、お母さんのは病気の看病代など様々で〇ドルを求めた請求書です。

また、「これを読んだブラッドレーの目は、なみだでいっぱいになりました」という一文を短冊に書いて黒板に貼り強調します。

そして、その後、「ブラッドレーは、このときどんなことを考えていたでしょうか」と問います。考えるのに必要な内容が、視覚的に整理されて板書上にあるため、思考しやすくなります。

② 分割

資料中の人物の判断などを考えさせる目的で、多く用いられているのが、分割提示による視覚化の工夫です。

特に、葛藤の場面で切り、その後の判断と理由を考えさせる方法は多いです。

有名な「手品師」（高学年　誠実）では、この葛藤場面での分割提示がしばしば行われます。仕事のない手品師が、ひとりぼっちの子どもに手品を見せるという約束を守るか、または、友人から持ちかけられた大劇場への出演を受けるか迷う場面での分割です。

このよさは、子どもを手品師の立場に立たせ、自分事として判断させやすいことです。

逆に、子どもの判断が、資料の結末と同じかどうかに関心が集まり、「あらすじの当てっこ」

になる短所があります。

このような場合、予め資料中の人物の判断の結果も合わせて伝えることが有効です。

例えば、「手品師」では、迷う場面まで提示した後、誘いを断ったという結果のみ伝えるのです。その上で、その結果に至った過程（人物の心情、行動選択の理由）に着目させます。

資料全部を一括提示すると、資料後半に書かれている判断の理由や詳しい心情が先に子どもにわかってしまうため、それらを除いておくのです。

③ 抽出

資料の内容が複雑であったり、時系列で描かれていなかったりする場合は、資料提示の後、大切な状況をいくつか抽出して、整理してやることが有効です。

「すれちがい」（高学年　寛容）では、登場人物二人の行動が別々の文章で述べられています。二人は、一緒にピアノの稽古に行く約束をしました。何時に公園に集まってピアノに行くのかは、電話で打ち合わせることにしました。ところがその後、それぞれに事情ができ、互いに電話がつながりません。仕方なく、それぞれが勝手にピアノに行き、不仲になるという話です。

写真は、二人の行動を時系列に表した短冊を黒板に添付したものです。同じ時間帯の二人の

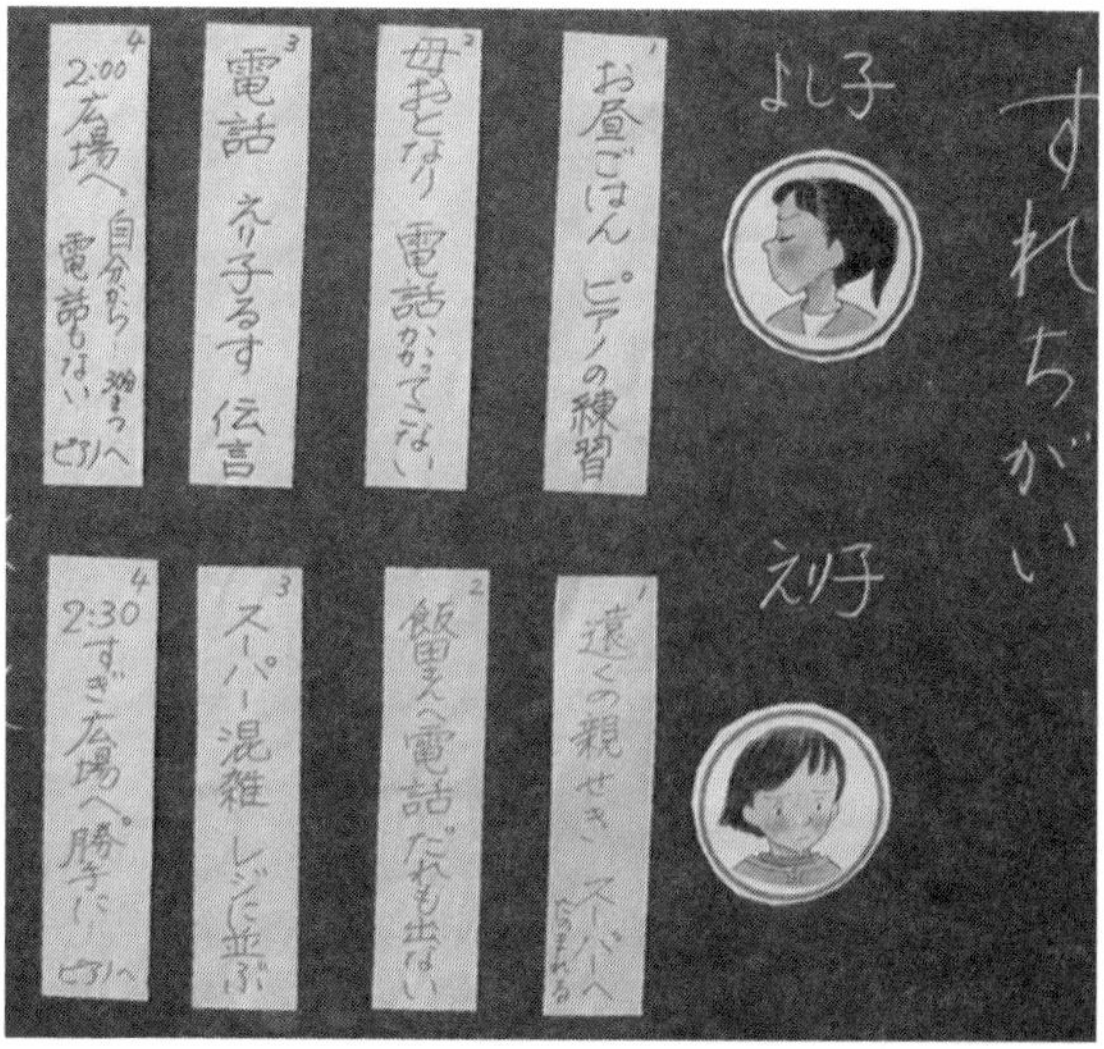

行動が、上下に並んでいるので、すれ違った事情が視覚的に理解できました。

④ 隠す

人は隠されると、その内容を一層知りたくなります。子どもは特にです。

資料の一部を隠して提示し、その部分を予想させることが有効な場合があります。

「かぼちゃのつる」（低学年　基本的な生活習慣）では、場面ごとにかぼちゃと、みつばち、ちょう、すいか、犬が会話をします。

資料や板書で、そのどちらかを隠して考えさせます。

……みちを　こえて、すいかばたけに
のびて　いきました。
すいか　「ここは　わたしの　はたけだから、
はいって　こないでよ。」
すいかの　つるが　いいました。
かぼちゃ「すこしぐらい、がまんしろよ。」
かぼちゃの　つるは、へいきな
かおで、すいかの　つるの　うえへ
のびて　いきました。

どちらを隠して予想させても、かぼちゃのわがままを実感させることができます。

特に、かぼちゃの言葉のほうは、その傍若無人さに憤りを感じさせます。

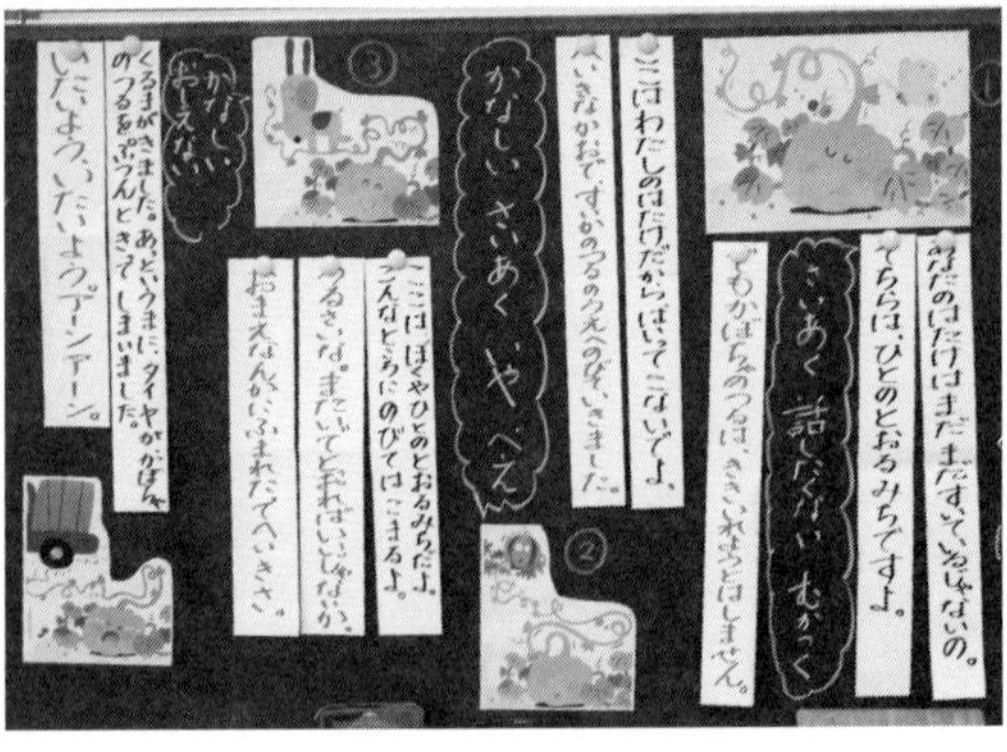

⑤ 置換

置き換えることで、後で、その部分に強く着目させるという方法があります。

例えば、「銀のしょく台」（高学年　寛容）で考えてみましょう。『私たちの道徳』五・六年生用に掲載されている資料です。

ジャン＝バルジャンを連れた警官が、司教の家に来た場面です。

> 次の日、とらえられたジャンは、兵隊に連れられて司教のところにやって来ます。
> 司教は、銀の食器はぬすまれたのではなく、ジャンにあげたものだと言います。
> そして、
> 「この銀のしょく台もあげたのに、忘れて行きましたね。」
> と言って、ジャンにしょく台を手わたします。

「銀のしょく台」の部分を「銀の食器」に置き換えて、司教の言葉を次のように書き換えます。

「おや！　あなたでしたか！　銀の食器の使い心地はどうですか？　そうですか。まだ、使っていないですね。」
とジャンに話しました。

そして、こちらのほうを先に提示して、司教の気持ち、考えをみんなで話し合います。ある程度話し合いが進んだ頃、「本当は、司教は、次のように言ったのです」として前者を提示します。

銀のしょく台まで渡すことで、ジャンを許し、改心を促そうとする司教の強い気持ちが、子どもたちに伝わります。

題名が「銀のしょく台」なのも、より納得がいくというわけです。

⑥　付加（場面付加）

板書や読み物プリントに、資料の結末を二通り提示したらどうでしょうか。それぞれのよさや不十分さが一層感じ取られることでしょう。

「フィンガーボール」（中学年　親切または礼儀）には、果物を食べて汚れた手を洗うボールとは知らず、招待客が誤って飲む場面が描かれています。招待主である女王は、自分がフィンガーボールを使って手を洗うと、間違えたお客に恥ずかしい思いをさせてしまうと考え、素知らぬ顔で、自分もボールの水を飲みます。

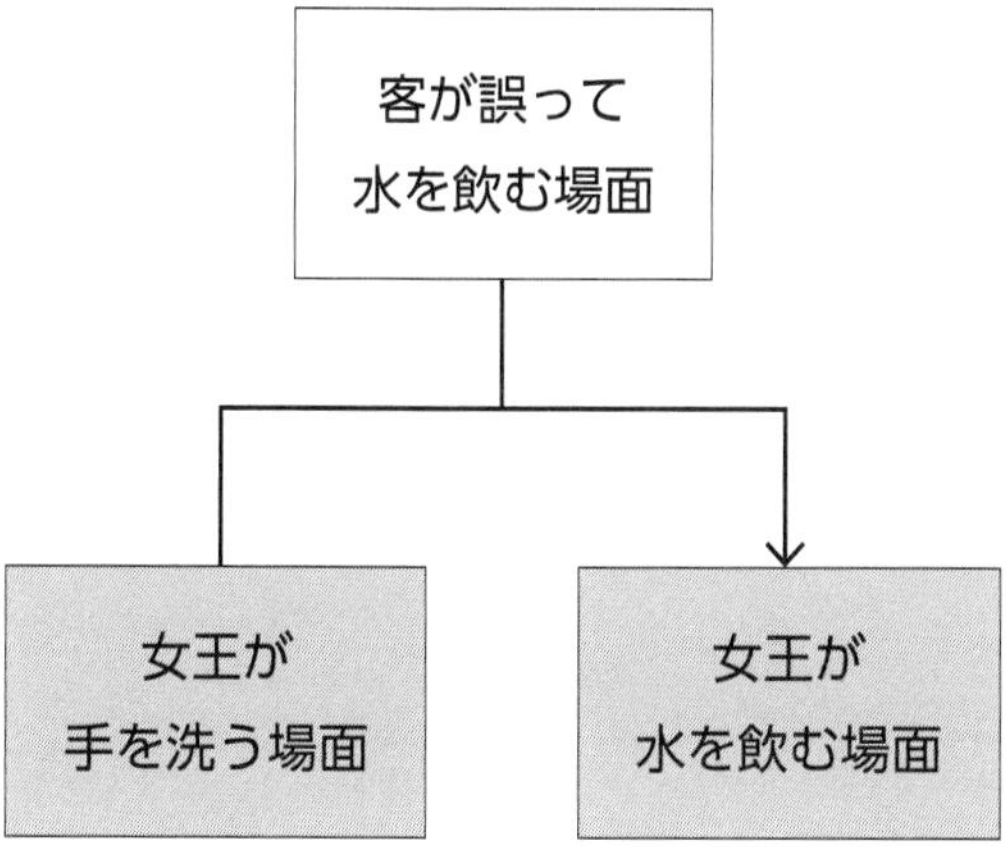

そのとき、場面付加を用います。資料を紙芝居風の提示にすることとして、最後の場面を二通り準備しておきます。女王がフィンガーボールの水を飲む場面と、手を洗う場面です。

ならば、子どもは、「自分だったら○○のほうにする」と自然に思考し始めます。

複数提示は、選択を促すからです。

同様の視覚化ができる資料は、人物が迷って一方を選択する場合に可能です。

大切なのは、板書や読み物プリントにおいて、挿絵やキーセンテンスなどをわかりやすく並列に示し、視覚的に二つを対比できるようにすることです。
音声だけなら逆に理解を複雑にするだけです。

⑦ 仮定（条件付加）

条件を付加して、「仮に○○の場合だったら」と視覚的に提示する手法です。⑥を「場面付加」とするなら、これは「条件付加」と言うこともできます。

先ほども述べましたが、「絵はがきと切手」では、「思いやり・親切」の解釈に「たとえ、友達が嫌な気持ちになるかもしれないと思われても、その友達のよくないところを伝えることが、思いやり（親切な行為）である」という親切観をもたせる象徴的資料でした。

設定では、正子は、「一年生のときからの仲よし」です。だから、「きっと分かってくれる」となるわけです。

ならば、仮に、それほど仲よしではない場合、例えば、「つい最近友達になった人」や、「仲よかったけれど今はけんかしている友達」ではどうでしょうか。

このような仮定を付加した場合を合わせて提示したなら、思考が深まるに違いありません。

⑧ 図解

内容理解が難しい資料は、少なくありません。伝記などは、背景や具体的な事実の理解がないと、子どもの心に迫っていきません。そのため、人物の生涯をまとめた年表や特に重要な事件、事柄の内容を示した補助資料を一緒に提示することが効果的です。「ヘレンと共に―アニー・サリバン―」（高学年　希望・勇気）のように外国の人物ならなおさら手際よい補助資料が必要となります。

また、「ひとふみ十年」（高学年　自然愛）のように、立山の高原植物や自然のすばらしさを描いた場合なども同様です。副読本には、必要最小限の写真や地図などが掲載されていますから、それを活用します。また、必要に応じて、関係ウェブページをプロジェクターで提示するなら、その自然のすばらしさがより実感できることでしょう。

なお、補助資料をたくさん提示して、逆に理解が混乱する場合や、教師の敷いたレールに乗ったスムーズすぎる授業展開になる場合があることには、注意が必要です。

⑨ 実物

⑧の図解、補助資料提示の究極の形は、実物提示です。

「ふろしき」（中学年　伝統文化）では、日本に古くから伝わるふろしきの使い方が紹介されています。

このとき、挿絵を使って説明するだけではなく、実物を提示し、実際に一升瓶などを包む活動を行うと効果的です。

このような、「資料そのものへの事前のしかけ」については、今回の記述を踏まえて、更に別の機会に、提案していきたいと考えています。

三　思考の視覚化

① ネームカード

全員活動をねらうＵＤ授業の場合、だれが、何を考えているか互いにわかるようにすることが重要です。そのため、ネームカードを活用することはよく行われています。基本中の基本でしょう。

　だれの意見なのか忘れてしまわないように「発言者のネームカードを黒板に添付する場合」やジレンマ授業のような「二択、三択のような場合」などが主な使い方です。

　先にネームカードを貼った後、プリントに具体的な記述をしたり、グループでの話し合いをしたりする場合もあります。

　一回目の添付の後、話し合って、二回目の添付（カードの移動）をする場合も少なくありません。

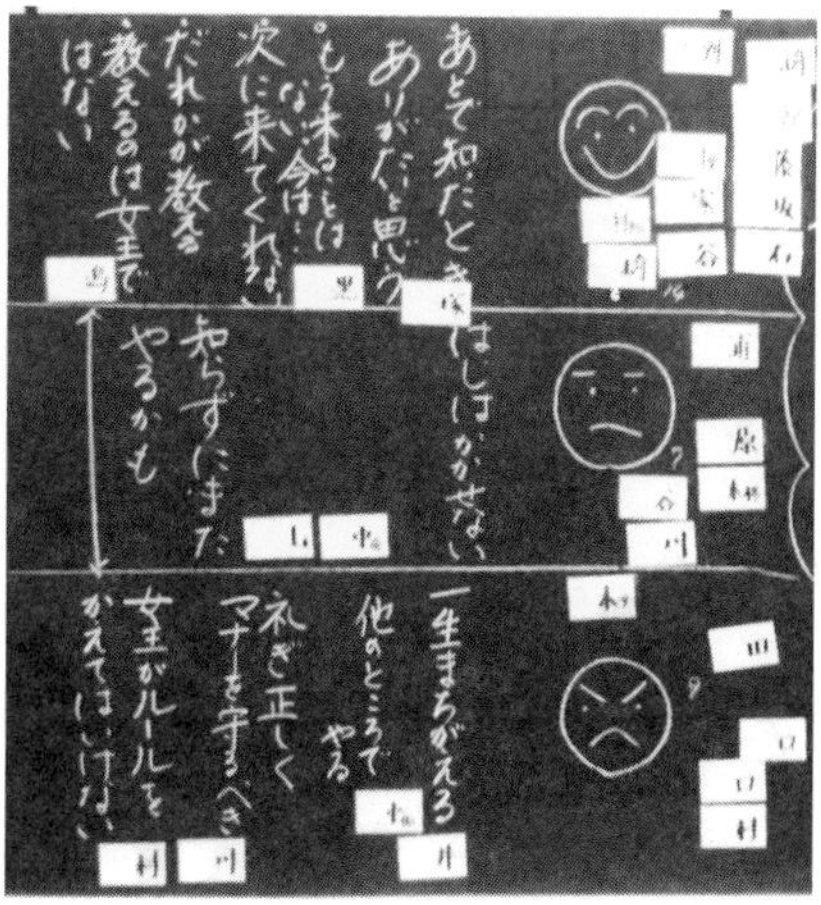

　ポイントは、一人一人に選択理由を明確にさせること、及び友達との異同に着目させることです。

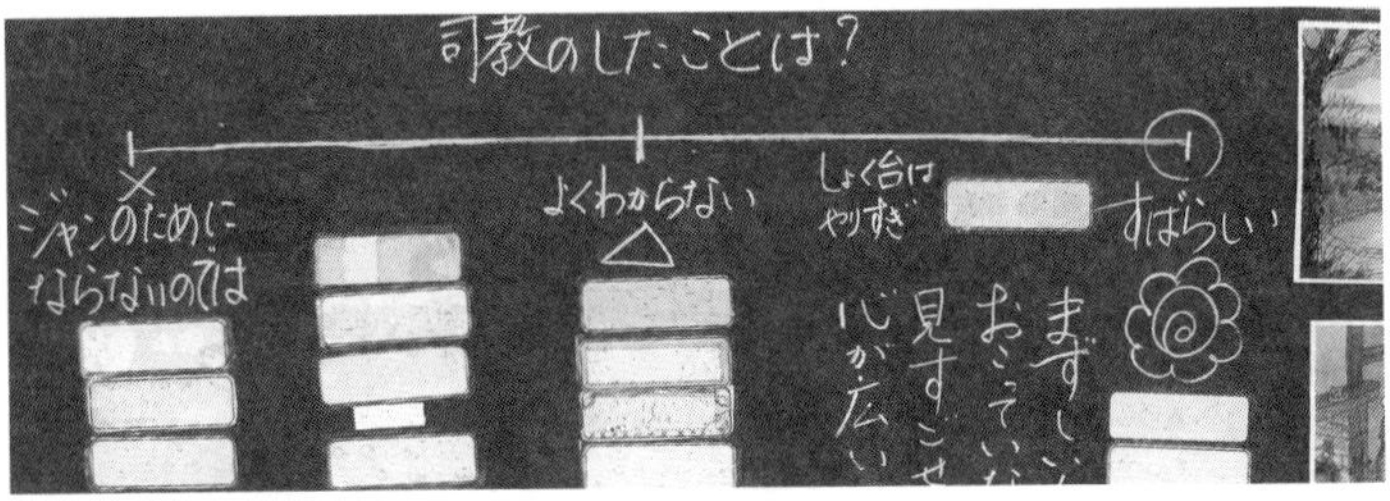

② グラフ化

（ア）一次元グラフ（道徳スケール）

一本の直線上に自分の立場を示す場合です。道徳スケールとか道徳目盛りなどという場合もあります。

左右（例えば賛成と反対）のどちらかだけではなく、その間に無数の選択（どちらかというと賛成、ほとんど反対など）があります。自分の選択に○などの印を付けます。教師は、板書上の直線に子どものネームカードを置かせたり、人数などを書いたりします。

互いの判断の差異が一目でわかることから、その後の思考や話し合いが活性化されます。

（イ）二次元グラフ

縦横十字に直線を引き、縦軸と横軸の値が交わる箇所に自分の立場を示す場合などがあります。

一方の軸に自分の経験や日頃の考えの大小を表し、もう一方の軸に、

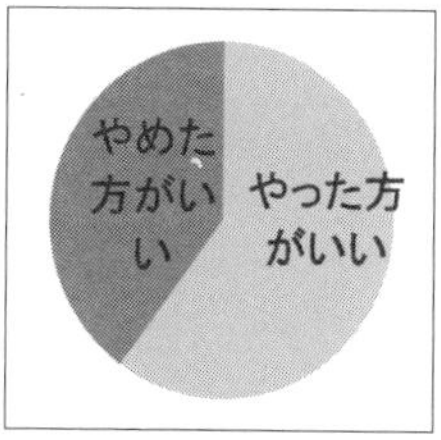

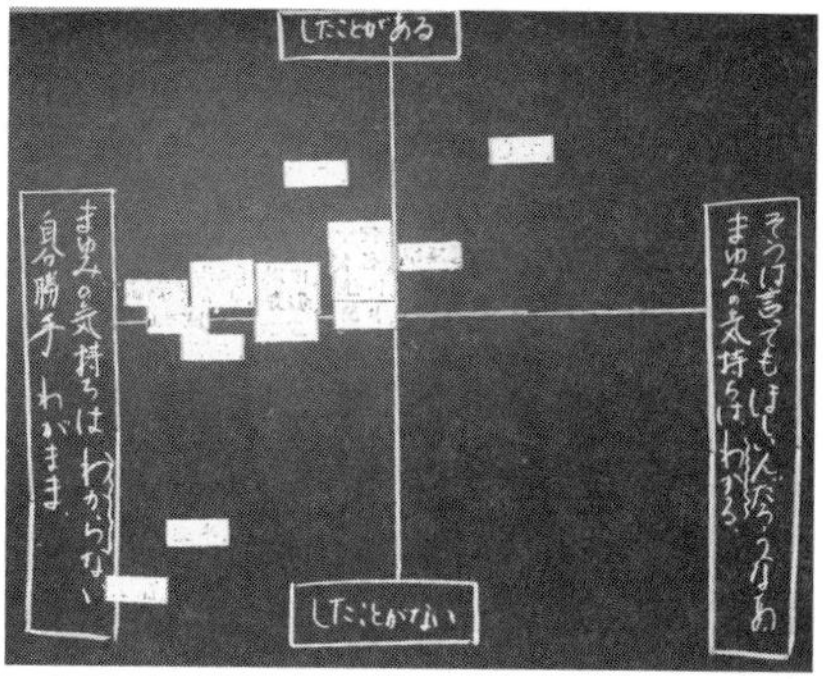

善し悪しなど道徳的判断を位置付けるとわかりやすいグラフになります。

写真は、「流行おくれ」（五学年　節度節制）の板書です。主人公が新しい服をねだった行為の理解（わかる・わからない）を横軸、自分もしたことがあるかどうか振り返りを縦軸に表しています。

（ウ）円グラフ

二枚の色の違う円（半径は同じ）に中心までの半径で切れ込みを入れ、組み合わせたものです。

目立つ色で作成すれば、友達によく伝わります。また、ずらすことで、簡単に割合を変えることができます。

（エ）スパイダーグラフ

私は、子どもに自分の振り返りと授業の振り返りを一度にさせる場合に使います。第5章「共有化」のイチローの事例で取り上げていますので、そちらをご覧ください。

（オ）心の地図づくり

スパイダーグラフによる自己評価活動を一層進めた「心の地図づくり」をすることもあります。

これは、授業の前と後で、学習内容に関する子どものとらえ方、感じ方がどのように変化したのかを子ども自身がわかるようにする方法の一つです。

ウェブ形式で、関係が深い言葉をつなげるようにして書き加えます。

授業後は、「赤鉛筆（うすく見える部分）」で書き加え、授業前後の違いをつかみやすくしています。

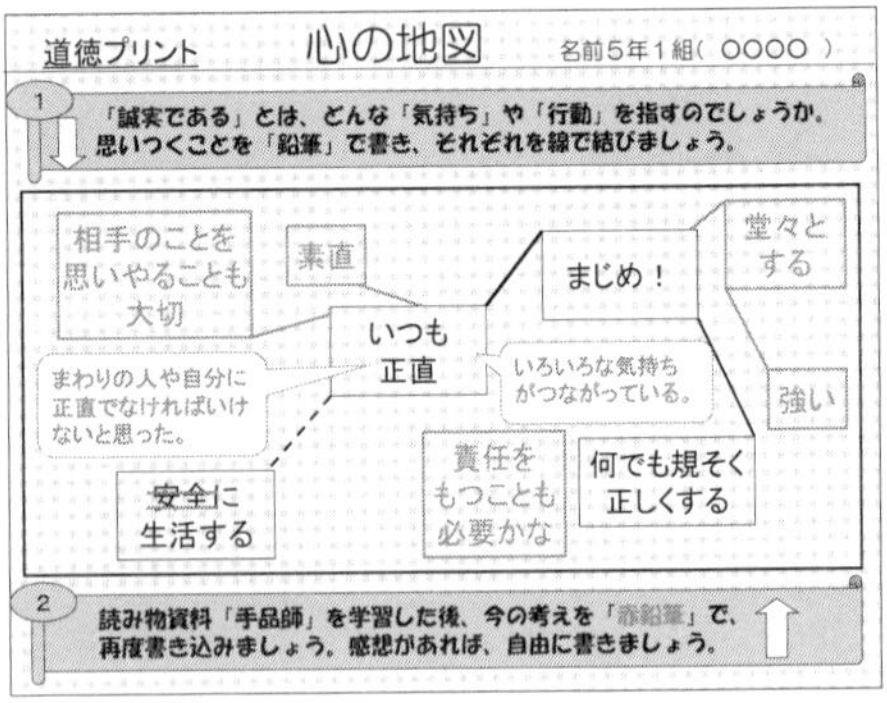

道徳プリント　心の地図　名前5年1組（ OOOO ）
1 「誠実である」とは、どんな「気持ち」や「行動」を指すのでしょうか。思いつくことを「鉛筆」で書き、それぞれを線で結びましょう。
相手のことを思いやることも大切
素直
まじめ！
堂々とする
いつも正直
まわりの人や自分に正直でなければいけないと思った。
いろいろな気持ちがつながっている。
強い
安全に生活する
責任をもつことも必要かな
何でも規そく正しくする
2 読み物資料「手品師」を学習した後、今の考えを「赤鉛筆」で、再度書き込みましょう。感想があれば、自由に書きましょう。

③ 鉛筆対談

道徳プリント　資料（はっぴょうかい）　十二月三日
一年二組（　〇　〇　〇　〇　）

1 主人公《じゅじんこう》「ぼく」と「えんぴつたいだん」しよう。

じぶん	きんちょうしたんだね
ぼく	あしがすごくふるえたんだよ
じぶん	たくさんの人が見ていたからね
ぼく	でも　がんばってうたったよ
じぶん	しっかりれんしゅうしたよね
ぼく	クラスのことが大すきだから・・・
じぶん	一人ぼっちじゃない　たつやくんもいる
ぼく	そう　みんなで声をあわせると　とってもきもちいいんだよ
じぶん	きみの気もちすごくよくわかるよ

2 二くみがたのしいと思うのはどんなときですか？

休みじかんにみんなでドッジをするときが一ばんたのしいです。　みんななかがいいよ

文字どおり、子ども自身が、考えていることや資料中の人物に伝えたいことを鉛筆で書いて会話するものです。

その一つは、例にあるような「資料中の人物と子どもが会話する」というものです。登場人物とは会話することができないので、実際には、子どもが自分自身と登場人物の二役をすることになります。登場人物が考えていること、感じていることを子どもの聞きたいことに合わせて想像して書きます。また、子ども自身が感じていることを登場人物に伝える活動になります。

したがって、吹き出しなどで登場人物の心情を想像するよりも主体的、能動的な活動になります。

他にも、会話やお話の続きをつくるなど「資料

中の人物と人物が会話する」というものもあります。

また、「隣の友達と会話する」こともできます。音声言語による二人組での発言が二往復ぐらいで終わってしまう子どもたちでも、鉛筆で対談すると、工夫次第で、何往復もするから不思議です。

しかし、何の条件も提示しないで行うと単なる「自己紹介」や「好きな物尋ね」になってしまいます。そこで、「登場人物が迷っているときの気持ちを尋ねてみましょう」や「どうしたらいいか教えてあげましょう」「二人で考えてみましょう」などと限定して指示することがポイントになります。

④ その他

その他にも子どもの思考を見える化する有効な方法を多く試してきました。

例えば、次のような手法があります。

(ア) 心情曲線

登場人物や子ども自身の気持ちの高まりや変化を曲線で表す方法。国語科で使うのと似てい

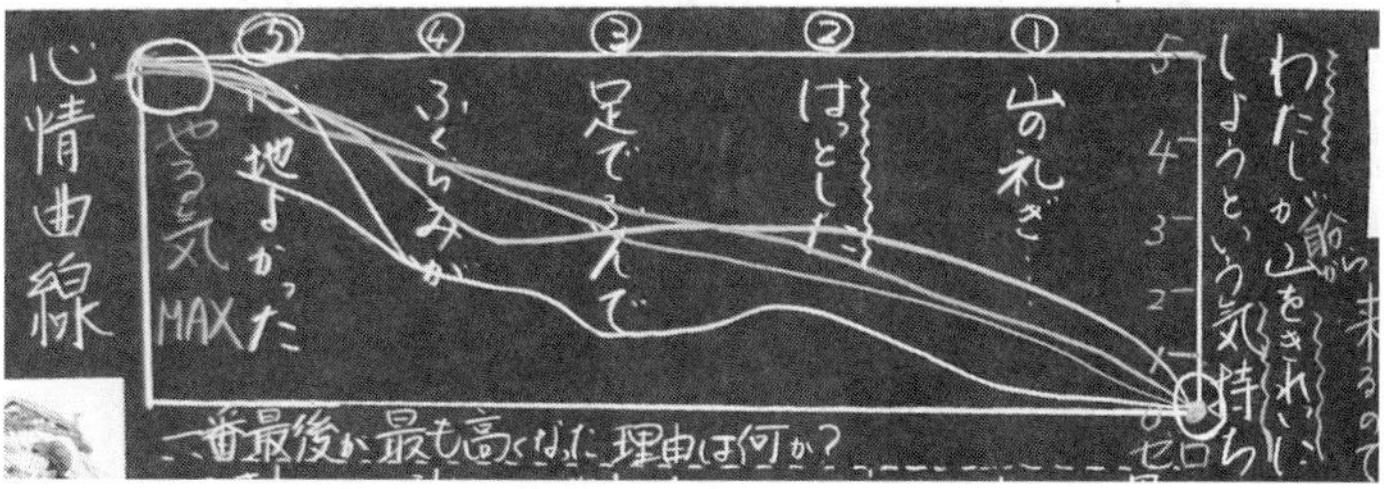

ます。登場人物の心情に関して等だけではなく、読み手である子どもの「ドキドキ感」や「爽快感」などをグラフにすることも可能です。

(イ) 心の温度計

登場人物や子ども自身の動機・意欲の強さを数字で表す方法。温度計のように、最大値を一〇〇にし、赤い色で大きさを示すとわかりやすいです。数値で表現することから、先の一次元グラフと同じ種類と言うことができます。後述の授業例で使っています。

(ウ) 表情絵

登場人物や子ども自身の気持ちや考えを四、五種類の表情絵から選択させる方法。予め教師が描いた四、五種類のどれかに、さっと○を付けさせます。しかし、子ども自身に表情絵を描かせるのはうまくいきません。描けない子どもがいる上に、納得いくまで描き直そうとする子どもが少なくないからです。

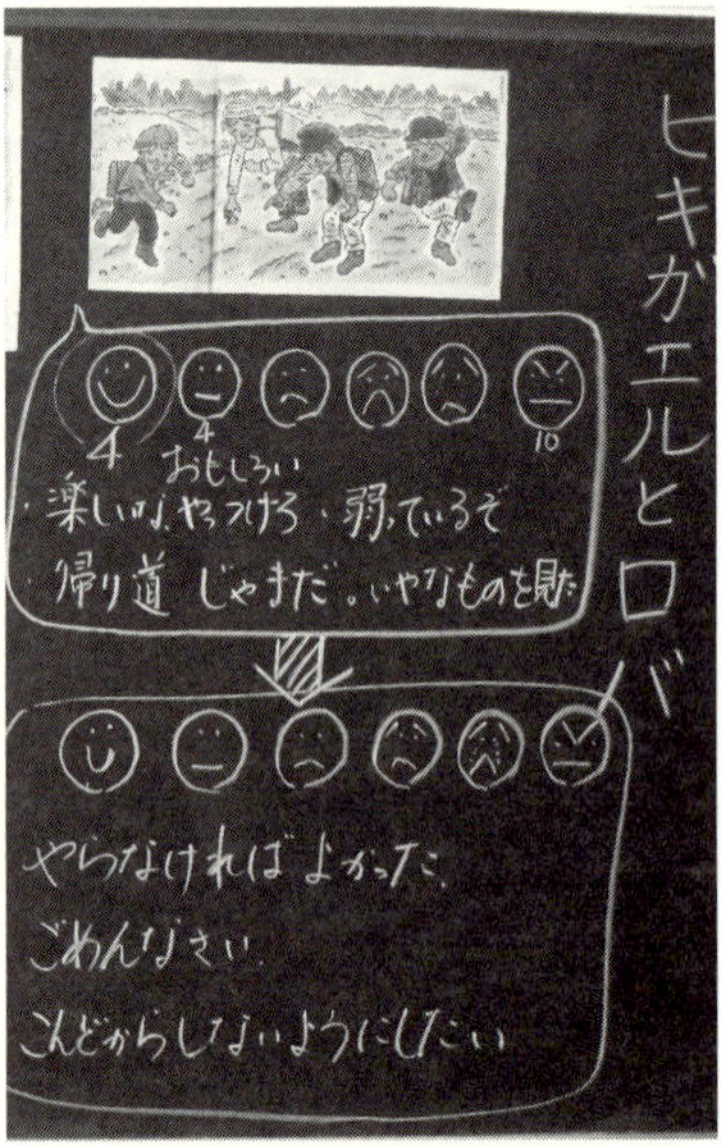

(エ) 色表示

登場人物や子ども自身の気持ちを赤やグレー、黒などになぞらえることで、思考を顕在化させる方法。

(オ) シーソー

自分の立場が右なのか左なのか、またその強さをシーソーの傾きで表す方法。ハートを色分けする方法などもあります。

それぞれの特徴を生かしつつ、また、そのように表した理由を明確にすることを求めながら、思考の視覚化を図ることが大切です。

四 話し合いの視覚化

(一) 類別

道徳の授業の場合は、他の教科に比べて、特に、子どもが発表した内容を「川流れ式」に板書したら、次の発問に移ることが多いです。

本当の学習は、子どもが発表した内容をもとにして、更に話し合うことで実現されるべきです。なぜなら、子どもが自分の考えを発表しただけでは、授業前の理解や認識、価値把握を表出したに過ぎないからです。

また、話し合うためには、子どもの発表を順々に板書することは非効率です。効率的にするには、似た考えをひとまとまりにしながら、まとめることです。どの教科でも同じですが、道徳の授業では、案外できていないものです。

似た考えをまとめることを「類別する」と呼ぶことにしましょう。

類別は、教師が進んで行うことから始まりますが、少ししたら、子ども自らが行えるようにすることが大切です。

そのため、「私は、○○さんの考えとよく似ていて……」などと発言できるように子どもを育てます。どの教師もやっていると思いますが、それを「徹底する」のです。

そのような発言を促すために、教師が「どの意見の近くに書きましょうか?」とか、「どれと似ていますか?」と問い返すことが必要です。

一年生でも十分できます。

類別による思考の見える化は、それ自体が目的ではなく、次の話し合いの準備が目的です。

(二) 小見出し付け(ラベリング)、番号付け(ナンバリング)

次に、大切なのは、ひとまとまりの考えに小見出しを付けたり、番号を付けたりして、一層「見える化」を進めることです。

チョークの色を変えて、例えば「(主人公に)賛成の理由」「反対の理由」「どちらとも言えない理由」などと小見出しを付けます。ラベリングです。

また、価値観の善し悪し、行為選択の違いなどに着目して類別する場合も少なくありません。

同様に、番号(①②③……)や記号(アイウ……)を振ることで、後の話し合いを行いやすくすることも効果的です。これをナンバリングと呼ぶことにしましょう。

また、上と下、右と左、外と中など板書上に構造的に書き分けることで、それぞれの考えの違いを視覚的にわかりやすくできます。
ここまでやって、ようやく「話し合いの視覚化、見える化」が整うことになります。

(三) 共通点、相違点とその理由の検討（対比・検討の発問、問い返しの発問）

類別して板書した後、それぞれの考えを比べるという活動が必要な場合が少なくありません。発問の焦点化の項で説明した「対比・検討の発問（問い返しの発問）」です。

いくつかの「対比・検討」の種類、視点があります。学級で一つに決めるということではありません。あくまでも一人一人の子どもの中で対比・検討し、考えを深めるのです。
①　どの考えに最も納得できるか（納得度・受け入れ度）
②　どの考えが最もよいか（善悪）
③　どの考えが最もすべきことか（当為）
④　どの考えが最も好きか（好悪）
⑤　どの考えが最も行いやすいか（実現可能性・見通し）
⑥　どれをしたことがあるか（経験の有無）
等です。これらは、「違い」に着目していますが、反対に、

⑦　どの考えにも共通していることは何か（共通点）

を尋ねて、最も大切にすべき価値観を見つけ出すこともあるでしょう。また、

⑧　視点の転換（「○○さんの立場なら、どれが大切か」「すべての人にとってどれが最も□□だろうか」「今後、この話や主人公はどうなるか」など）

も有効です。

以上まとめると「最も○○なのは、どれだと思うか。そしてそれは、なぜか」を話し合い、子ども一人一人の中の「道徳的価値観」を高めることが必要だと考えています。焦点化の章で述べている他の発問の在り方と合わせて、授業づくりに生かしてほしいと考えます。

では、「視覚化、見える化」の視点を取り入れた授業例を紹介します。

六年生　視覚化の視点を生かした授業

「くずれ落ちただんボール箱」

（高　2－(2)　思いやり　親切）

1　ねらい

おばあさんが戻ってきたときの女の子の気持ちを話し合うことを通して、相手の立場に立つことの難しさに気づき、見知らぬ人に対しても親切にしようとする態度を養う。

2　資料のあらすじ

冬休み、「私」は友子さんとショッピングセンターに買い物に行きました。裏口から狭い通路を通っていくと、五歳くらいの男の子が高く積んであった段ボール箱を崩してしまったところに出くわしました。元通りにしようとする連れのおばあさんは、男の子がおもちゃ売り場に行ったので困っていました。見かねた二人は、おばあさんに行ってもらい、代わりに段ボールを積むことにします。折しもそこに来た店員は、二人が段ボールを崩したと誤解し、二人を注意します。二人はうまく事情を説明できません。

店員が去った後、おばあさんと男の子が帰ってきてお礼を言いましたが、二人は、何となく気詰まりでした。

数週間が過ぎた朝会で校長先生が読んだ手紙には、誤解した店員の謝罪と感謝の気持ちが綴られていました。それを聞いて、「私」は、晴れ晴れとした気持ちになりました。

3　内容の焦点化

高学年の内容から、次の二点に焦点化して指導します。

①「だれに対しても」を踏まえて、この指導では、「初めて出会った見知らぬ人（おばあさんと幼児）」と「わがままな人（幼児）」を親切の対象として強調すること

②「相手の立場に立って」を踏まえて、「真におばあさんと幼児の立場に立って親切にすること」について考えさせること、及び「その難しさ」を感じ取らせること

4　視覚化の具体的手立て

ここでは、主に五点の視覚化の手立てを行いました。

① 「挿絵」の提示による学習意欲、資料への興味の喚起
② 「心の温度計」、「表情絵」による人物の心情の見える化
③ 板書と子どものプリントの構造を相似させることによる学習の円滑な進行
④ 板書上の「類別・ナンバリング」による話し合いの見える化
⑤ 一文で表すことによる学んだことの見える化

5 授業の実際

【導入】一枚絵を見て感想を発表した後、資料を聞く。

この絵を見てください。これは、だれが、何をしているところだと思いますか。

まずは、子どもの興味・関心を引くことが大切です。特に、この場面は、資料の題名にもなっており、描かれている出来事の端緒で、最も重要な部分と言えます。

そこで、段ボール箱を崩したまま幼児が行こうとするのを引き留めるおばあさんの絵を示し

て、問いました。

「小さな子どもが、おばあさんの手を引っ張っているところだと思う」

「段ボール箱が、散らばっている」

「おばあさんが困った顔をしている」

「段ボール箱を崩したのは、だれかな？」

などの発言を引き出します。おばあさんの困った顔に着目させることは、必須なので、もしも、出てこなければ、教師が指さししておばあさんの状況に気づかせることが必要です。

そこで、おばあさんの顔だけを大きくしたものを別に示すアップの手法も有効です。

「こんな状況のところに、たまたまあなたが通りかかったら、どうするかな」

と、主人公の二人の子どもと同様の状況に立たせます。

資料名「くずれ落ちただんボール箱」という資料名を板書し、「冬休み、五歳くらいの男の子が『早くおもちゃ売り場に行こうよ』とおばあさんの手を引っ張っていっているところ」だと状況を概説した後、資料を読み聞かせます。

教師による代表音読。子どもは、資料を目で追います。

はじめの提示の際、資料の終わりに書かれている「全校朝会」の部分は除きました。

授業のはじめから示してしまうと、子どもにとって、親切にする動機が「おもいやり」ではなく、「褒められること」になってしまうおそれがあるからです。

【展開1】二つの場面での「親切にしようとする気持ち」を比較して話し合う。

一般に道徳授業では、場面順に人物の気持ちや行為への感想を尋ねることが行われます。「各駅停車の気持ち発問」です。これは、時間的な効率が悪い上に、教師にも子どもにも学習の意図が理解されにくいという短所があります。

そこで、ここでは、二つの場面を同時に扱います。

① 主人公の二人が、おばあさんの代わりに「わたしたちが整理しますから、さがしに行ってください」と言って、段ボールをていねいに積み上げている場面

② 二人が、店員に「困った子たちね。……ここは遊び場ではありませんよ」と注意を受け、びっくりした場面

二人の「親切にしようとする気持ち」の大きさを「親切やる気温度計」に色を塗って考えてみましょう。
また、そのときの表情を絵から一つ選び、○で囲みましょう。

人物の気持ちや考えは、比較することで一層明確になることがあります。比較や選択は、理由、根拠とセットになっていることが多いからです。

特に、進んで「親切にする」という気持ちは、状況に大きく左右されます。色を塗ったり、表情を選んだりしたら、子どもは、もう理由をもっているということです。

これは、そのときの板書です。子どもの道徳プリントも同様の配置になっています。

おばあさんの代わりに積み上げる作業をするとき（板書上）は、やる気が満ちているけれども、店員に誤解され注意されたとき（同下）には、同じ作業をしていても、やる気は大きく減少しています。ほとんど○近くになっている子どももいました。

「二人に悪いところは少しもないのに、誤解されてしまって、人に親切にするって難しいね。それでも、親切にする作業を続けた二人は、すばらしいね。やっぱり親切にするって難しさもあるけれど、いいことだね」

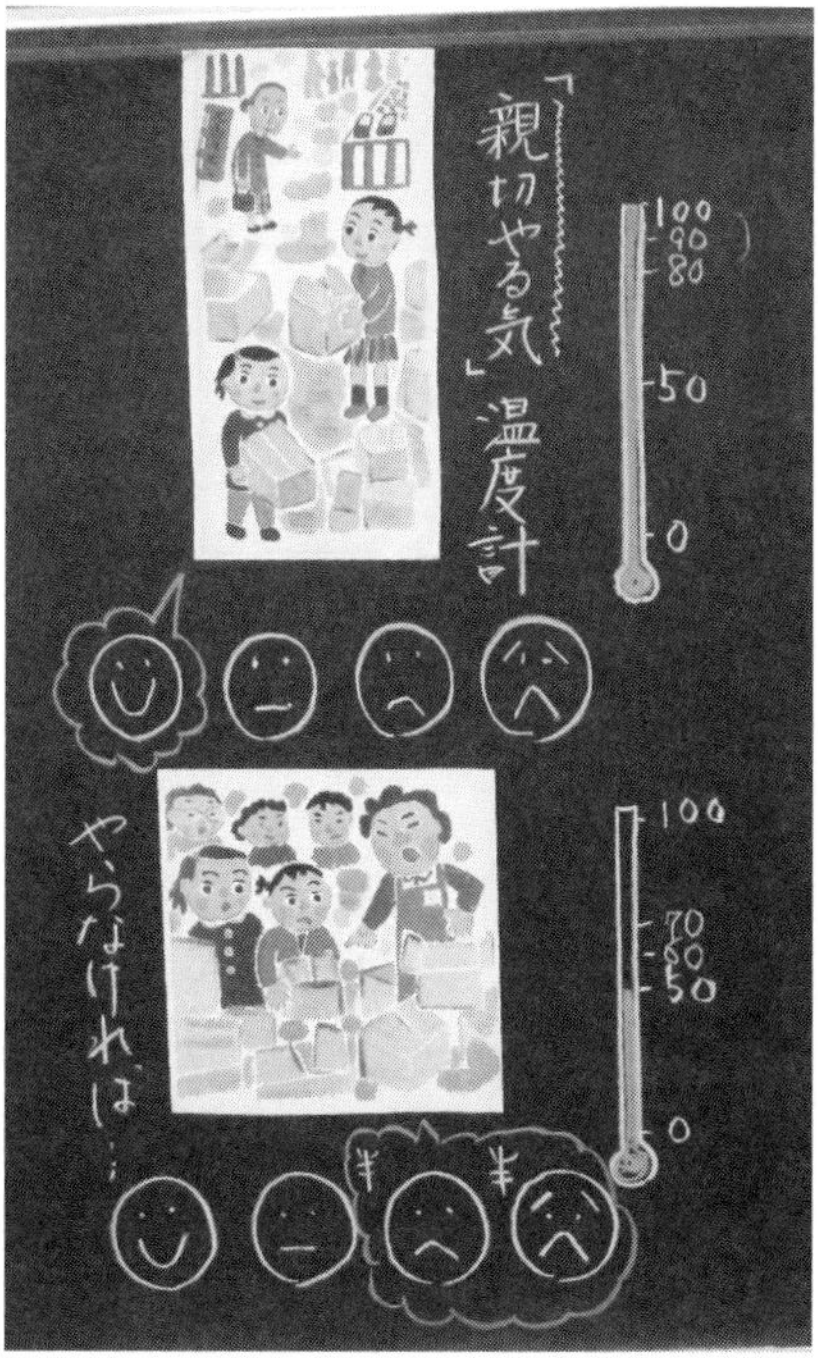

と、「親切のよさと難しさ」を広げて、内容②をみんなのものとします。

このとき、「段ボールを積み上げる」という資料中の個別具体的な行為を指してまとめるのではなく、一般的な様々な「親切な行為」というニュアンスで押さえるということが大切です。

教師のちょっとした言葉の返し方一つで、子どもの価値のとらえ方が広がります。

【展開2】おばあさんが戻って来て、お礼を言われた場面の気持ちを話し合う。

おばあさんに「先ほどは本当にありがとうございました。……」と言われ、「いいえ、いいんです」と答えたとき、二人は、心の中でどんなことを考えていたでしょう。
温度計に色を塗って、吹き出しに思いを書きましょう。

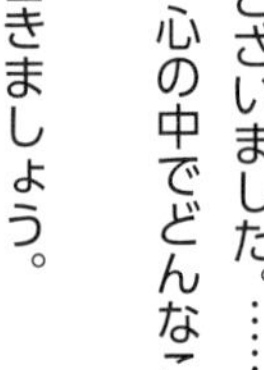

心情を詳しくとらえさせたいときは、「どんな気持ちか」と尋ねるのではなく、「どんなことを考えていたか」と発問します。前者だと「悲しい」とか「残念」とか短い単語になってしまうからです。

温度計を使うのは、最初の似た場面と比較しながら考えられるようにするためです。多くの子どもが、最初の二つの場面の温度計の値の中間に色を塗っていました。お礼を言われてうれしいけれど、誤解されて叱られたので、複雑な気持ちなのでしょう。複雑な気持ちだから、うまく言い表せないけれど、温度計に色を塗ることで、二つの間だと判断、考察できるところが、数値化のよいところです。

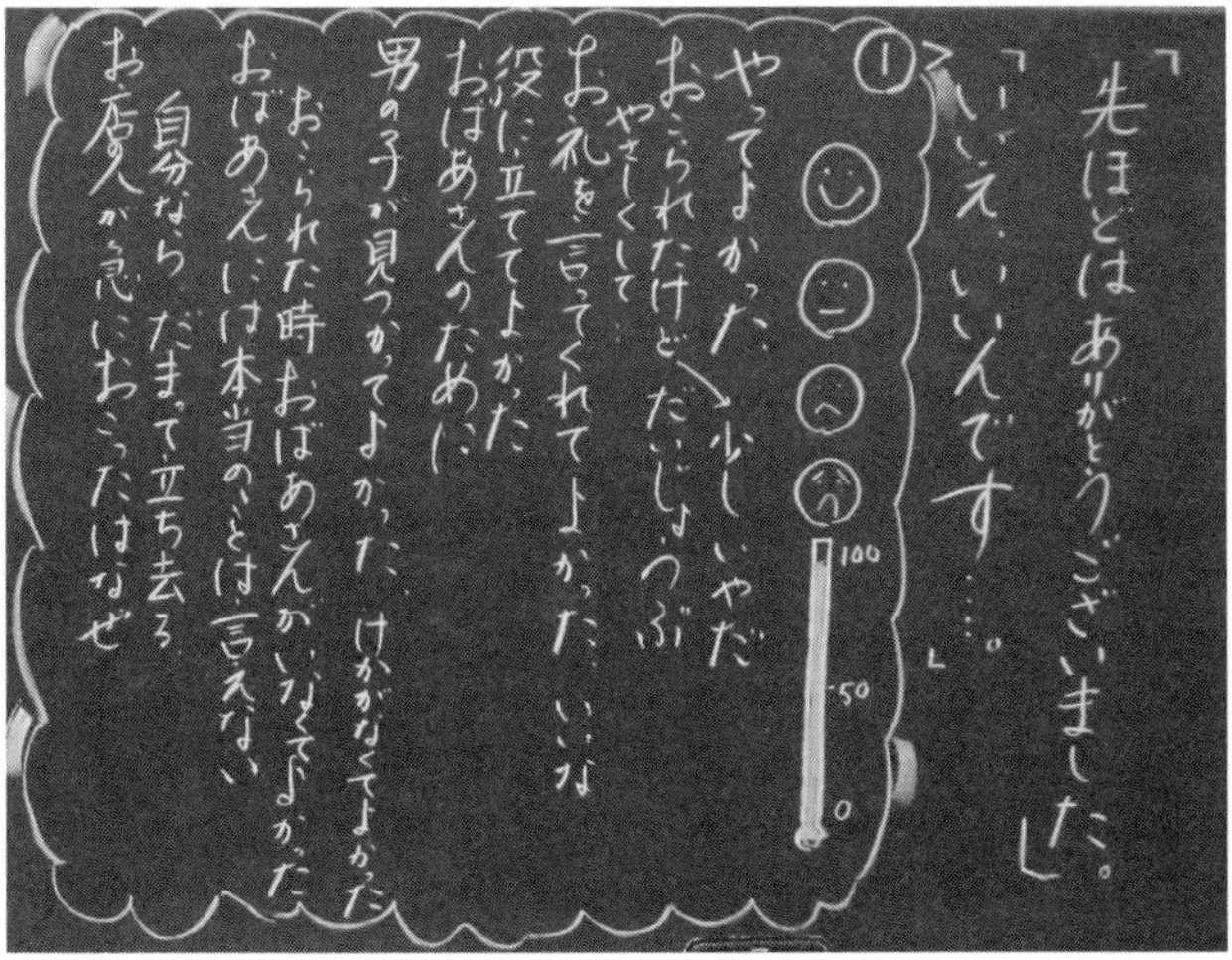
「先ほどはありがとうございました。」
「いいえ、いいんです……。」
①
100
50
0
やってよかった
少しいやだ
おこられたけど、だいじょうぶ
やさしくして
お礼を言ってくれてよかった。いいな
役に立ててよかった
おばあさんのために
男の子が見つかってよかった。
けがかなくてよかった
おこられた時おばあさんがいなくてよかった
おばあさんには本当のことは言えない
自分ならだまって立ち去る
お店の人が急におこったはなぜ

五分程度、吹き出しに書かせた後、発表させました。その発表を類別しながらまとめた板書が写真です。

ア　ともかく、親切（段ボールの整理）にしたことがよかったとする意見

「やってよかった（少し嫌なこともあったけど……）」

「お礼を言ってくれてよかった。うれしかった」

イ　親切にした行為の効果に触れた意見

「おばあさんの役にたってよかった」

「男の子が見つかってよかった」

ウ　更なる思いやりに言及する意見

「怒られたことは、おばあさんには、言えない」

「本当のことは、言えない」

エ　自分と比較した意見

「自分なら黙って立ち去るけど……」

オ　その他

「お店の人が怒ったのは、なぜか」

エ、オは、吹き出しにはそぐわない内容ですが、取り上げました。

時間経過で言うと、ランダムな発表↓教師が類別しながら板書↓教師がアイウエオを付す↓見出し語を添えながら分けた理由の説明、となります。

これらのことから、教師も子どもも、学級にどんな意見があるのか、概観することができました。

しかし、これで終わっては、「見知らぬ人」に「本当に親切にすることのよさや難しさ」を感じ取らせることは、できません。

まず、オの「お店の人が怒ったのは、なぜか」を取り上げました。これは、内容理解が不足している子どもの意見です。ほとんどどの子どもは理解していることですが、「誤解による叱責」

は重要な事柄です。再度、「親切心からおばあさんの代わりに段ボールを積み上げる後片付けをしたのを、現場を見ていなかった店員が二人の仕業だと誤解して、怒ったこと」「昨日も段ボールが崩れていたことがあって、一層怒りが増したこと」を確認しました。

些細なことですが、ここまでの全員の理解を揃えることは欠かせません。

次に、エです。二人の心情を考えるべきところが、「自分なら」と考えたところは、よかったと称揚しました。

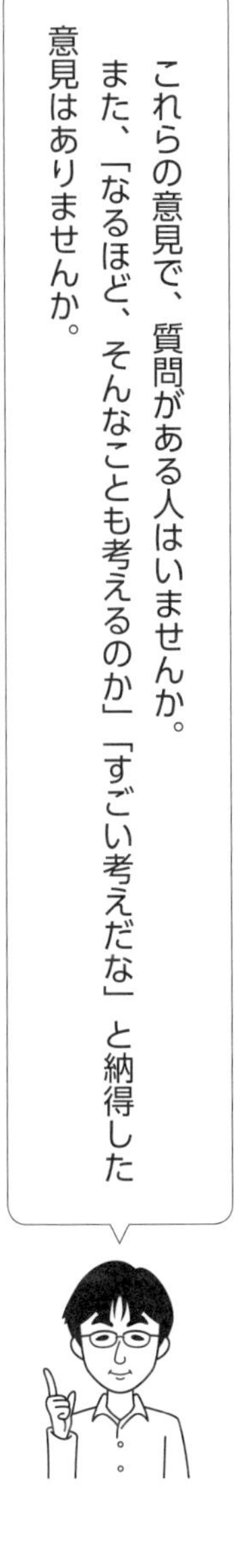
これらの意見で、質問がある人はいませんか。
また、「なるほど、そんなことも考えるのか」「すごい考えだな」と納得した意見はありませんか。

ウの「更なる思いやり、親切」の意見を扱うための発問です。見てすぐに、ウのよさに気づく子どもは、少数です。だから「質問」を受けました。

「怒られたときに、おばあさんがいたら、なぜよくないのか」

「おばあさんに言えない『本当のこと』とは、なんだろうか」

です。発表者に戻し、説明させます。
「おばあさんが、自分の代わりに子どもが叱られたと知ったら、悲しむ」
「本当のこととは、店員が誤解して叱ったこと。おばあさんに悪い」

この資料を使った授業は何度もやりました。が、このウが初めて出た授業のときに、私は、どう扱っていいのか非常に迷いました。自分の予想していた子どもの反応を超えていたからです。

しかし、それ以後、この意見こそが、この資料の「押さえどころ」だと思うようになりました。「見知らぬ人」にも思いやりの心をもって、「相手の立場に立って」親切にするとは、こういうことなんだな、と。

子どもに教えられました。

人の代わりに何かをやってあげることは、確かに親切な行為として称揚されるべきことです。でも、それだけなら、おそらく中学年でもできます。

しかし、その行為を（誤解とは言え）強く叱責され、非常に嫌な気持ちになった。結果として、誤解であることを店員にもおばあさんにも言わなかった。

この「もやもや」をいとも簡単に、この子どもは、「本当のことは言えない」と言い切ったのです。愚痴の一つも言いたくなるところ、この子の表情は、晴れ晴れとしていると思いました。

これを他の多くの子どもに広げないわけにはいきません。ウの理由を明確にした後、「なるほど、そんなことも考えていたのか、とか、最もすごい考えだな、と納得したのは、どの意見ですか」と問いかけたのは、その意味からです。

話し合いの最後に、「知らない人、だれに対しても親切にすることは、本当に難しいね。そんなことができる人になれるといいですね」と内容②を更に強く印象付けました。

【終末】話し合ったことを通して、学んだことを振り返り、まとめる。

これまでの話し合いを通して、今日の道徳の時間で考えたこと、学んだことを一文に表してみましょう。

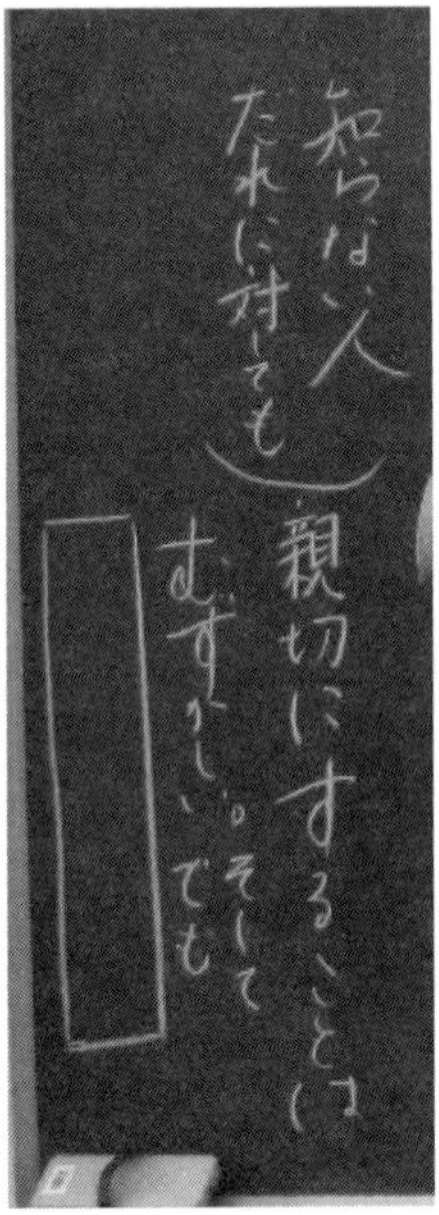

写真にあるように、「知らない人、だれに対しても親切にすることは、むずかしい」の続きとして、一文書かせることとしました。「でも」、または「そして」に続けてです。

授業のねらいが「……態度を育てる」ことなので、「知らない人に親切にすることは難しい（価値観・認識）」のほうではなく、それに続く「今後の考えや意欲」のほうを引き出すことにしました。

「小さなことからやっていく」
「少しのことでも積み重ねが大切である」

のように、知らない人が対象の場合は、「できること」「些細なこと」などからやることを書いた子どもや、

「人の役に立てることはうれしいことだ」
「人の役に立つからいい」

親切にすることの意味、価値についてそのまま書いた子どもが多くいました。
それぞれを認めて、「そんな人になれるといいね」と話した後、資料の最後の部分を聞かせ、
そのまま、授業を終えました。

視覚化のポイント

これまで述べてきた「視覚化」「見える化」のポイントは、次のとおりです。

1 資料提示の視覚化

◆読み物資料に予め手を加え、内容理解を容易にする方法（しかけ）
◆授業の導入等で、視覚的な提示を工夫して、内容理解を容易にする用法
◆①強調　②分割　③抽出
④隠す　⑤置換　⑥付加
⑦仮定　⑧図解　⑨実物　等
◆価値理解につながる場面や内容に関するしかけや提示の工夫が必要である。単なる興味・関心だけでは弱い。

2 思考の視覚化

◆子ども自身が自分の考えていることを文字以外のシンボルを使って表現及び確認できるようにする方法
◆同時に、それは、他のみんなが容易に理解できるようにする方法でもある。
◆ネームカード、鉛筆対談、色、表情絵各種グラフ化（数値化）、心情曲線等
◆大切なのは、そのような思考、選択をした理由を明確にできるような働きかけを合わせて行うことである。

3 話し合いの視覚化

◆板書の視覚化でもある。
① 子どもの発言を板書上で類別する。
・教師が行う。　・子どもが行う。
② ラベリング、ナンバリングする。
③「対比・検討の発問（問い返しの発問）」で話し合いを深める。（再掲）
・最も納得する考え
・最もよい考え、すべき考え
・最も好きな考え
・最も行いやすい考え
・最も経験した事柄
・共通している考え
・○○の立場から最も……

4 学んだ内容の視覚化

◆観点を決めて振り返る。
① スパイダーグラフ（例）
・自分の考えがもてた。
・友達の考えに学べた。
・今後○○したい気持ちがある。
・これまで○○した経験がある。
② 心の地図（例）
・授業前後に、テーマから連想する言葉を書き、話し合う。
③ 一文、二文、三文にまとめる。
・端的にまとめ、視覚的に提示する。

第5章

共有化

一 道徳授業を共有化するとは

道徳授業で「共有化」するとは、子どもが、それぞれの考えや自己の振り返りを交流し合い、互いに尊重し合ったり、一層前向きな気持ちを高め合ったりすることです。

第４章四「話し合いの視覚化」の部分は、ここで述べる「互いの考えの共有化」の過程とも言えます。どちらで述べることも可能です。

そこで、話合い活動における「考えの共有」については、前後のつながりを重視して、便宜的に第４章「視覚化」のカテゴリーで整理することにしました。

そこでここでは、道徳の授業の終末部分、または展開後半部分に限定して述べることにします。

終末部分、または展開後半部分で行われる「自己を振り返る活動（自己の在り方を反省したり、今後の生き方に夢や希望を抱いたりする活動）」は、これまで互いに共有することを子どもたちに求めませんでした。したがって、子ども自身も互いの振り返り内容を知りたいとは思いませんでした。

しかし、私は、個人の在り方に収斂する「自己を振り返る活動やその内容」についても、今後の道徳授業、特にUD化された道徳授業では、「共有化」することが有効な場合が少なくないと思うようになりました。

互いの振り返りを共有化する過程を通して、その内容を互いに尊重し合ったり、一層前向きな気持ちを高め合ったりすることができると思うからです。

紹介する→理解する→尊重する→励ます→助言する→自分の振り返りに生かす、といった新たな学習活動や内容が期待できます。

では、授業の終末部分における具体的な共有化の活動について述べていきましょう。

二　自己を振り返る活動

終末または、展開後半に行われる「自己を振り返る活動」についてまず考えます。

振り返り発問については、発問の焦点化の項で述べましたが、自己を振り返る活動とは、そ、の授業で学んだ学習内容に照らして、これまでの自分の行動・生活・見方や考え方がどうであったのか検討する活動です。

機能から言えば、自己評価と言えます。

例えば、第４章の「くずれ落ちただんボール箱」では、子どもは、「知らない人に親切にすることは、そんなに容易ではない。しかし、最後まで相手を思いやって親切にすることはすばらしいことだ」ということを学びました。

親切にしている過程で、自分が叱られたにもかかわらず、相手を悲しませないようにするため、叱られた事実を伝えないほどに相手を思いやっています。

この場合の自己の振り返りは、「これまでの生活で、知らない人に親切にしたことがあっただろうか。また、あったとして、本当に十分思いやって親切にしていただろうか」と自らを振り返り、思いを巡らすことを指します。

「知らない人」「最後まで十分に」が本時の学習内容であり、自己評価観点です。

この観点が、例えば、これまでの生活の中で、単に「人に親切にしていたか」とか「思いやりの行動が取れていたか」などのように大きいと、どの学年にも当てはまることになります。だから、その授業ならではの具体的な内容にはならないのです。

三 できそうな自分を見つける

既に述べたことですが、改めてここ共有化の部分でも触れておきます。自己を振り返る活動において、できなかった自分を深く反省することは必要です。しかし、深く反省するだけに留まっていてはなりません。

「懺悔の道徳」「下を向く道徳」と批判されているのは、このことを指しています。「できなかった自分」を踏まえて、次の二つに着目することが大切です。

一つは、できなかった中でも、少しでもできている自分を見つけることです。あるいは、もう少しでできそうな自分を見つけることです。

プラスの自分を見つけると言ってもいいでしょう。

「知らない人に、進んで十分に親切にしたことはないけれど、知らない人から道を尋ねられて、教えたことはあったな」とか「高学年の知らないお兄ちゃんに頼まれてノートを○○先生に届けたな」という具合です。

しかし、学習内容や自己評価観点によっては、そう簡単には思いつかないことも少なくありません。

そこで、もう一つです。それは、そのようになりたいという具体的なイメージをもったり、憧れたりすることです。

「この資料の二人の女の子は、素敵だなあ。自分もこんなことができるようになりたいな」とか「知らない人に十分親切にしたことはないけれど、これからは、塾に行くときに乗るバスで席を譲ってみようかな」という具合です。

視覚化の具体的な手立てで紹介した「心の温度計」や「スパイダーグラフ」などで、やる気を数値化し、見える化すると一層有効です。

他の事例を紹介しましょう。

二年生の「ぐみの木と小とり」の実践です。

これは、「この頃姿を見せないりすを心配するぐみの木に代わって、小鳥がりすの家を訪ねたところ、病気で寝ていたので、お見舞いに持ってきていたぐみの実を届けた」という話です。

強風だった日にもりすを訪ねたことから、「少しの困難にも負けず、幼い人（ぐみの木にとってのりす）、困っている人（小鳥にとってのりす）に温かい心（お見舞いという行為、お見舞いのぐみの実）を届けるよさ」を感じ取らせる話です。

本時の学習内容（つまり本時の自己評価観点）は「苦労しても、あるいは、困難な場合にも、幼い人、困っている人に温かい心を届けることはすばらしいことである」です。

低学年の親切の対象は、「幼い人や高齢者」（この資料の場合は、前者）でした。

また、低学年ですから、親切については、相手や自分の気持ちが温かくなることだったらおよそ何でもよいのです。

授業の後半で、教師が次のように問いかけて、自己の振り返りをさせます。

あなたは、ぐみの木や小鳥さんのように、あなたの温かい心をどんな人（だれ）に届けたいですか。
また、ハートに色を塗って、その大きさを表しましょう。

と、「だれになのか」そして、「その気持ちの大きさ」を示すよう、具体的に問うことがポイントです。低学年だからなおさらです。

ハートを使う活動は、色塗りが好きな低学年の子どもに適しています。塗った色の割合でやる気の大きさを「自分で確認できる」からです。

後で、互いに紹介し合う際も、一目瞭然なので、活動がスムーズです。

四 互いに助言や励ましを与える

ここからが、これまでの道徳の時間に少なかった活動であり、本書の主張です。

それぞれの振り返り（特に、今後の具体的なイメージ、やりたいこと…夢や希望も含め…など）を二人組やグループで紹介し合います。

単に紹介で終わることもあります。

紹介には、互いに理解し合うというねらいと、友達の振り返りの内容を自分に生かすという二つの意図があります。

助言するためには、書かれている内容や行動への理解や尊重が求められます。また、責任も伴います。いい加減なことや中途半端なかかわりはしづらいものです。

助言される側から言えば、友達から新たな取組の視点をもらったり、また、励ましてもらったりすれば、やる気が高まり、具体的なイメージや今後の見通しも高まります。

事例を紹介しましょう。

六年生の「大王と風車小屋の主人」の実践です。

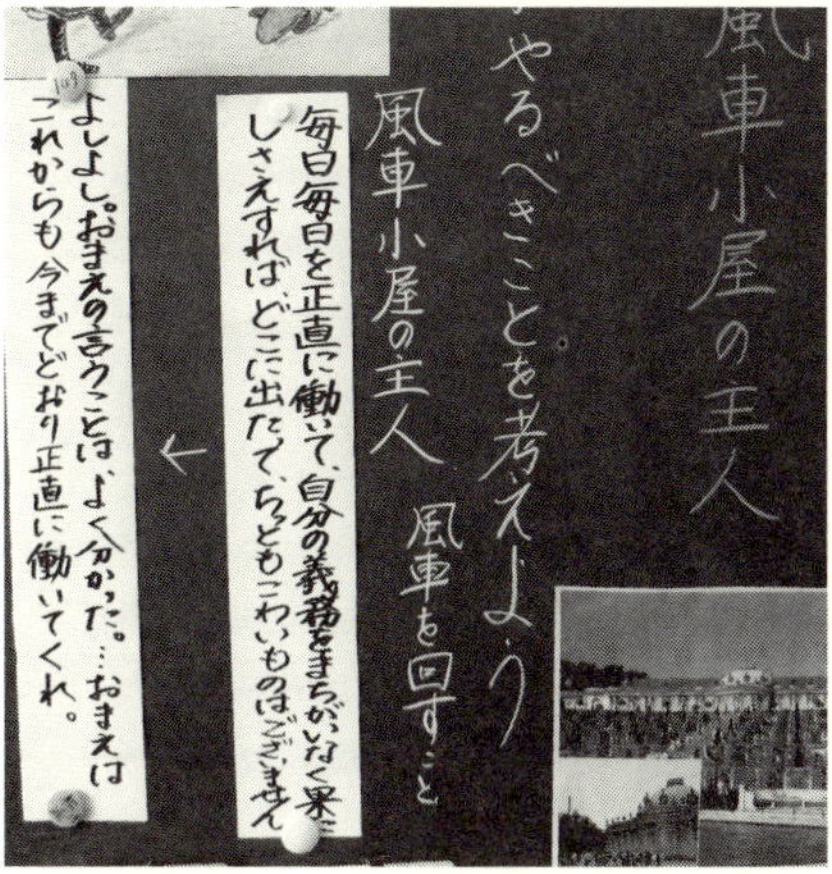

あらすじはこうです。むかしプロシアという国の国王が自分の休息のため建てた宮殿の庭を広げる際、大きな風車小屋が邪魔なので、持ち主に売ってくれるよう交渉しました。しかし、その持ち主がどうしても売らないと言います。家来の一人が大王の力なら否応なく立ち退かせられると言うと、「毎日毎日正直に働いて、自分の義務を間違いなく果たしさえすれば、どこに出たって、ちっとも恐いものはない」と堂々と主張しました。

その言葉に大王は大きくうなずき、風車小屋には手を付けなかったという話です。

本時の学習内容（つまり本時の自己評価観点）は「様々な困難があったとしても、自分に課せられた義務をしっかり果たすことは、人として何よりも大切である」です。

授業前半では、この風車小屋の主人の義務について話し合ったり、義務を果たすことの大切さを感じ合ったりしました。そして、後半、「自分にとっての義務」を考えます。この授業は、三学期に入って行いました。卒業前でした。

あなたにとって、今、果たさなければならない義務には、どんなことがありますか。
自分の生活を振り返って、具体的に書いてみましょう。

五分程度書く時間をとりました。

プリントには、生活上のきまりや規則に関することが書かれました。また、1の視点にかかわる勉強や規則正しい生活に関すること、また、4－(3)の価値、すなわち六年生として集団での役割や責任に関することなどが書かれました。

それぞれの価値を踏まえて、板書上で類別表記し、まとめました。

規則尊重、義務遂行を中心にして、その他の内容も取り下げないで、広い意味での「義務」「やらなければならないこと」として、一緒に扱うこととしました。

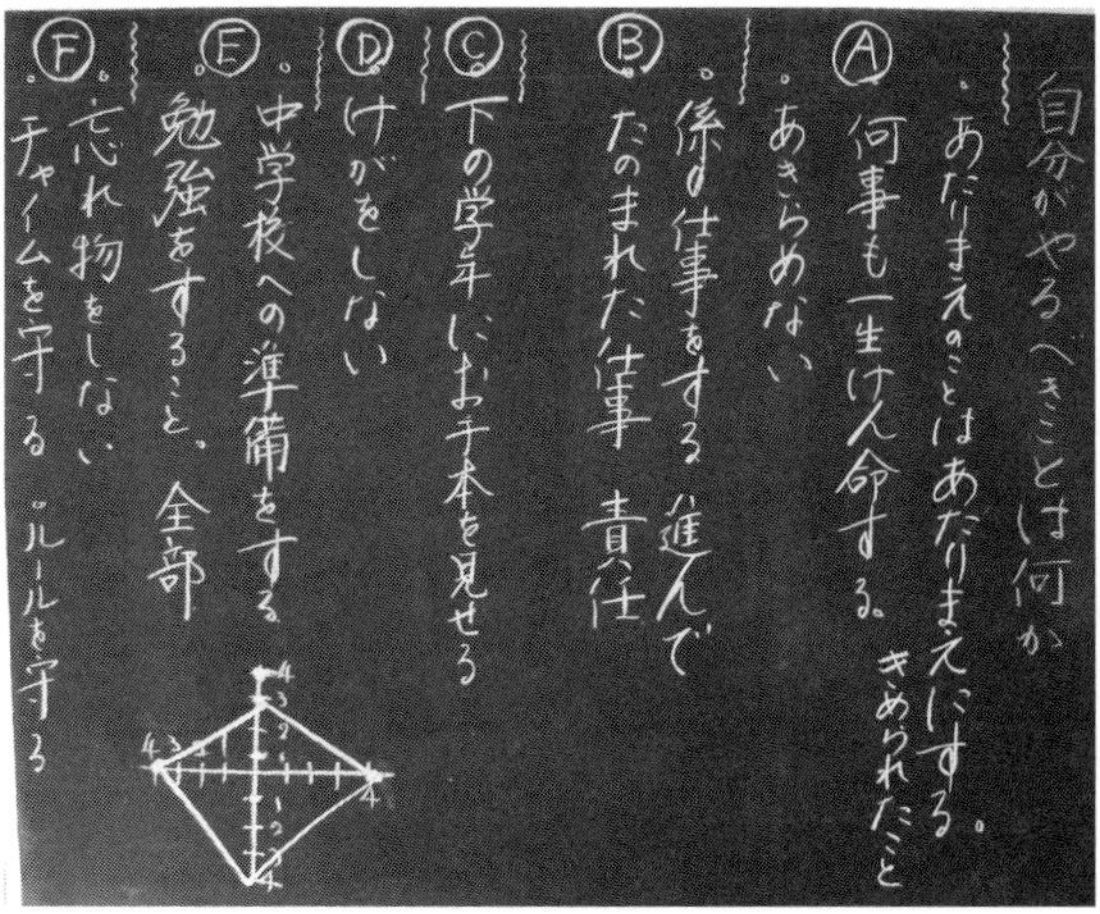
自分がやるべきことは何か
・あたりまえのことはあたりまえにする。
Ⓐ何事も一生けん命する。
きめられたこと
・あきらめない
Ⓑ係の仕事をする 進んで
たのまれた仕事 責任
Ⓒ下の学年にお手本を見せる
Ⓓけがをしない
・中学校への準備をする
Ⓔ勉強をすること。 全部
・忘れ物をしない
Ⓕチャイムを守る ・ルールを守る

　その意味では、この授業は「学習内容の焦点化」については、甘く幅広であったことになります。書かれた内容は、これまで努力してもなかなか実現できない事柄が多く含まれていました。だから、互いに紹介し合って、励まし合うことが有効です。当初の予定どおり、自由に席を立って、「紹介→励まし→助言」の活動を仕組みました。自由交流の時間です。

　その際、友達からもらった助言や励ましをメモするように指示しました。助言をもらった当人が自分のプリントに書くことを想定しての指示だったのですが、中には互いのプリントに助言者が直接書き込むグループもありました。

さて、これらの活動は、学級活動で見られます。

しかし、学級活動と違うのは、「集団思考を生かした個人目標の決定ではない」ということです。

したがって、書いたことへの客観的な根拠・有効性、また前提となる集団としての目的などは関係ありません。

自分が自分を振り返って「そうありたい」と誠実に願ったことなら、友達として温かく応援することを大切にしています。

考えを尊重し合い、助言や励ましを行うことで、それぞれの子どもの道徳的実践力、また、生きることへの自信が一層高まると言えます。

五 わかったことを端的にまとめ、伝える

共有化で忘れてはならないのが、教師の思いを子どもたちみんなと分かち合うことです。価値を教え込むという意味ではなく、教師の説話は、これまでの道徳授業の終末の多くで行われ

てきましたし、有効だと考えます。

教師の思いを子ども同士が共有化する際、重要なことが、三つあります。

㈠ 学習内容を踏まえ、今後の期待を語る

一つ目は、展開までに学級で明らかにした本時の学習内容を踏まえるということです。ほとんどの終末のまとめは、これになりますが、端的に伝えることはＵＤの基本です。

また、合わせて、子どもを信頼し、よりよく生きることを願い、期待する気持ちを伝えることが必要です。押し付けになってはなりませんが、教師の熱い思いがない話では、子どもも変わりようがありません。

㈡ 一文〜三文程度で表す

だらだらと長いまとめは、共有化には適しません。教師のまとめの話は、長くて、何を言っているかわからなくなることが少なくありません。

そこで、学習内容を一文で表して、板書するのがふさわしいことが多いです。

特に、指導に配慮が必要な子どもにとっては、あれもこれもでは、伝わりにくいものです。

どうしても、少し長くなるようなら、短い文を二文、三文へと組み合わせていくことが共有化を促す上で有効です。また、否定形ではなく肯定的な表現のほうが効果的です。

例えば、一文目が結論、二文目がその理由、そして、三文目が励ましや方向付けというようにです。

「今日の学習で、みんなで再度確かめたいことは、①卒業前の六年生として果たすべき義務は少なくない。②なぜなら、五年生までのお手本でなければならないからだ。③そのため、今プリントに書いたことは、しばらく毎日、朝の会のときに、それぞれ一度読み返すことにしないか」のようです。

㈢ 子どもが端的にまとめる

教師が学習内容を踏まえ、一文~三文で端的に語るだけでなく、子ども一人一人が端的にまとめる共有化も効果的です（前述の「くずれ落ちただんボール箱」でも紹介しています）。

例えば、

・授業で最も心に残ったことを一文に表す。
・資料に自分なりの題名を付ける。
・これからも使える合い言葉をつくる。
・黒板上の一文、一節を選ぶ。

などです。配慮が必要な子どもは、「板書上の一文、一節を選ぶ」活動などが適していることがあります。教師が側に寄り添って、語りかけながら選ばせるとよいと考えます。

六年生　共有化の視点を生かした授業

「夢に向かって確かな一歩を」（高　1―(2)　希望　努力）

1　ねらい

イチローが述べた言葉の意味を考えることを通して、小さな目標を一つ一つクリアーしていくよさに気づき、希望をもってくじけないで努力しようとする態度を養う。

2　資料の内容

イチローが小学校三年生からほぼ毎日練習を続けてきたことなどが紹介されています。特にアメリカのメジャーリーグのチームメイトがイチローを「だれよりも継続性がある」などと評しています。また、イチロー本人がインタビューで子どもの頃を振り返って、キーワードとして「達成感」を挙げ、「小さな目標を一つずつ立てていき、それを一つ一つクリアーして達成感を得る」ことの大切さを述べています。

3 内容の焦点化

高学年の内容から、次の二点に焦点化して指導します。

① 「より高い目標を立て」を踏まえて、この指導では、「計画的に努力目標を立てて一つ一つ達成していくこと」を強調すること

② 「くじけないで努力すること」を踏まえて、イチローの生き方に憬れをもたせるとともに、友達から励ましや助言を得させること

4 視覚化の具体的手立て

ここでは、主に四点の視覚化の手立てを行いました。

① イチロー選手の画像の一部のみ提示……アップの手法による興味の喚起

② イチロー選手の紹介に合わせ、いくつかの既知の画像を提示……理解の深化

③ 資料へのしかけとして、象徴的な二つの言葉をブランクにして提示

④ スパイダーグラフを活用して、自分の振り返りやこれからの意欲を見える化

5 共有化の具体的手立て

ここでは、主に五点の共有化の手立てを行いました。

① スパイダーグラフと具体的な記述を互いに紹介し合う。
② 相手の思いを理解し、尊重するための態度（笑顔、うなずき）を知らせる。
③ 励ましと助言を互いに交換する。
④ 勇気ややる気が出た友達の励ましをメモする。
⑤ 友達のめあてを参考にして、自分のめあてを変更する。

6 授業の実際

【導入】一枚の画像を見て感想を発表し、イチローについて知る。

ニューヨーク・ヤンキースのＮＹのロゴと31番が写っているヘルメットの部分のみを提示しました。

この写真をみてください。これは、何だと思いますか？　そうです。イチロー選手のヘルメットです。

これは、これから扱う資料への興味・関心を高めるための「アップの手法」です。一部を見せられると人は、その全体を知りたくなります。扱う道徳の内容に直接かかわる画像ではありません。しかも、この情報からイチロー選手を「当てる」ことがねらいでもありません。

したがって、数秒提示して、興味・関心が高まったなと思われたら、すぐに「イチロー選手」を紹介します。『私たちの道徳』二七頁左下の枠囲みの中です。

その後、イチロー選手について知っていることを二、三人に発表させます。野球部の子どもはよく知っています。注意しなければならないのは、よく知っている子どもとあまり知らない子どもの溝を深くしないことです。

そこで、引き続きイチロー選手の画像を数枚提示します。国民的な人物ですので、野球をよく知らない女の子でもすぐにわかります。

全員の関心を揃えておくことが必要です。

【展開1】資料前半を聞き、「継続性」について話し合う。

二七頁三行目までを読み聞かせます。最後の三行は、次のように示します。

チームメイトの一人は、イチロー選手がすぐれているのはだれよりも○○性があること、休みの日も準備をして毎日でもプレーができるようにしていること、また、選手生活で大きなけがをしていないことだと言っています。

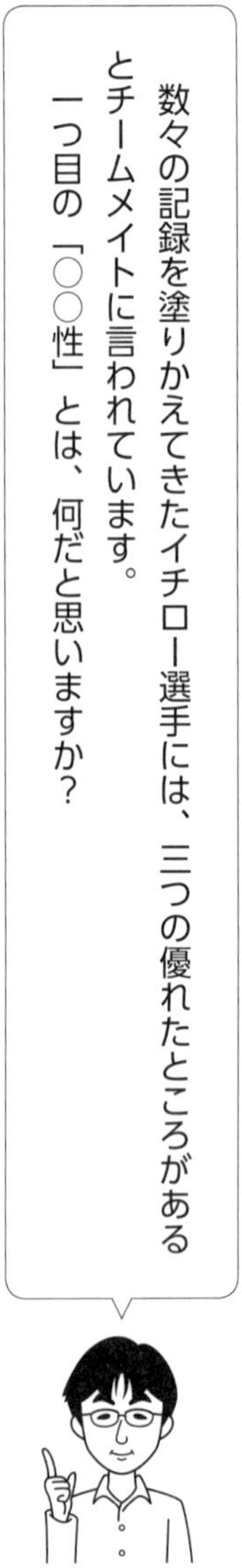

数々の記録を塗りかえてきたイチロー選手には、三つの優れたところがあるとチームメイトに言われています。
一つ目の「○○性」とは、何だと思いますか？

少し難しい言葉ですが、本時の扱う道徳の内容に関する「計画的に努力目標を立てて一つ一つ達成していくこと」に直結しています。

そこで、考えるための材料として、資料前半部分にある、

・小学校三年生からは、ほぼ毎日休むことなく激しい練習をしていたそうです。

・プロの選手になってからも、地道な努力や工夫を積み重ね……

の二つの文を黒板に書きます。

導入のNYの写真での活動と同様、「当てる」ことではなく興味・関心を高めることがねらいです。そこで、ある程度予想を発表させたら、教師から、「だれよりも『継続性』があること」だと示します。

ここで再度、「ほぼ毎日休むことなく」と「地道な努力や工夫」を強調します。

子どもたち自身に、「ほぼ毎日休むことなく、地道な努力や工夫をしていることがないか」ここで、一旦投げかけておき、資料後半の学習に移ります。

【展開2】資料後半を聞き、「達成感」について話し合う。

残りの一三行分が書かれた資料を配付し、教師から読み聞かせます。

その際、イチローのインタビューの部分の「達成感」を「□□感」として示します。

「キーワードは、『□□感』ですね。プロ野球という世界を『夢』として見据えながらも、まずは小さな目標をひとつずつていねいに立てていく。それを一つ一つクリアーして□□感を得る。この作業を何度もくり返せば、プロ野球選手への道は開けていくにちがいない、と。そんなようなことを考えていたんだと思いますよ。」

展開1とよく似た活動を繰り返すことになりますから、子ども全員が一層参加しやすくなっています。似た活動を繰り返すことはUD道徳では効果的な手法だと考えています。

子どもは、「小さな目標を一つずつていねいに立てて、それを一つ一つクリアーすることで得られる気持ち、感覚」を手掛かりにして考えます。

ここでは、全員参加の手立てとして、次の語群から選ばせることにしました。選択の活動なので、だれにでも参加できます。

①満足感　②必要感　③達成感　④優越感

満足感、達成感の二つが残り、最終的には、「達成感」に合意されます。満足するのではなく、次に取り組むための意欲につながるのは、「達成感」だとわかるのです。

ここでは、「小さな目標を一つずつていねいに立てることに加えて、それらをクリアーして『達成感』を得ることの大切さ」を共通理解しておきます。

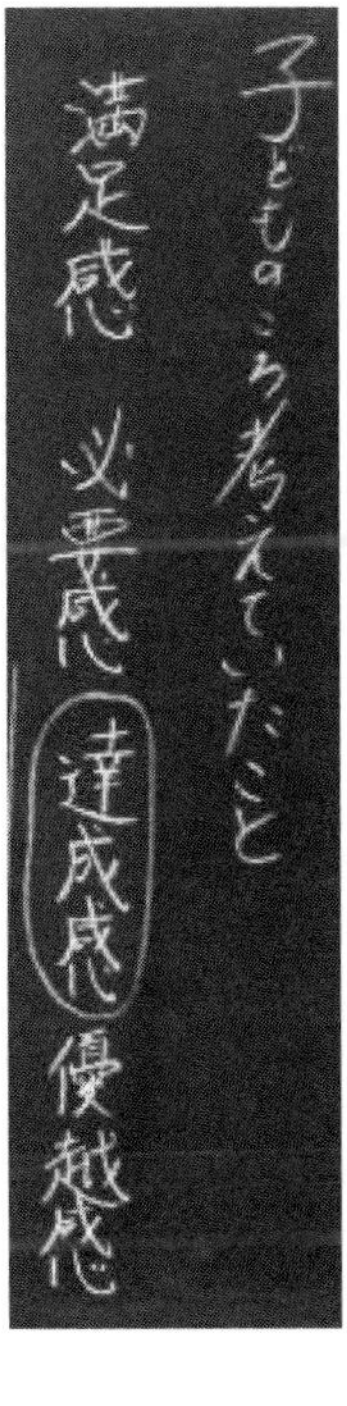
子どものころ考えていたこと
満足感
必要感
達成感
優越感

【展開3】自分の「これまでとこれから」をスパイダーグラフに目盛り、振り返る。

まず、スパイダーグラフの横軸だけを使って考えます。

> これまで、小さな目標を一つ一つクリアーして、達成感を得たことがありますか。
> また、これからの生活で一つ一つクリアーして達成感を得ていきたいですか。
> 横軸の1～5に印を付けましょう。

これまでに比べて、これからのほうが少し大きな値を選んでいる子どもが多いようです。

従来の道徳の授業は、一般に、ここまでで学習を終えていました。計画的に努力目標を立てて一つ一つ達成していくことのよさを感じ取るところで終わる授業です。

しかし、この授業では、引き続き「達成したいめあて」を粗く考えるところまで、扱うことにしました。

そこで、次に、これから得たい「達成感」について考える活動に移りました。

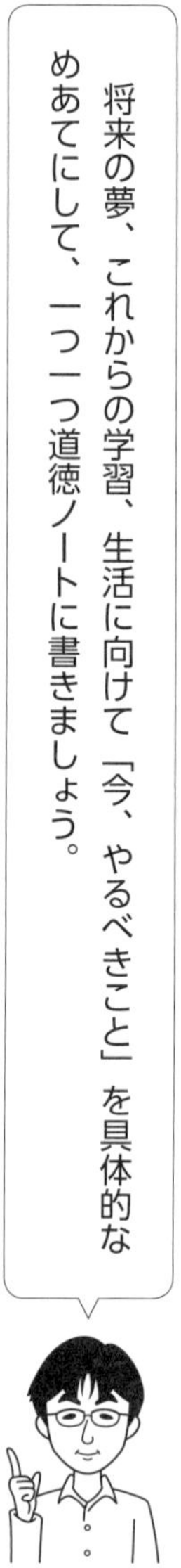
将来の夢、これからの学習、生活に向けて「今、やるべきこと」を具体的なめあてにして、一つ一つ道徳ノートに書きましょう。

「将来の夢、これからの学習、生活」に向かって具体的な小さな目標を考える活動です。実際には、将来の夢が曖昧な子どもも少なくないので、小学校六年生として「今」取り組むべきことを考えることとしました。

すぐに、書くのは難しいことから、いくつかのカテゴリーを示して、それらから一つ、二つを選んで、その内容に関して具体的なめあてを立てることにします。

示したものは、①学校での学習、②家庭での学習、③規則正しい生活、④習い事、⑤趣味、⑥将来の夢、職業です。

ゆっくりと一人一人がノートに書けるよう時間を確保します。
繰り返しになりますが、学級活動とは違うことから、集団思考は行いません。あくまでも、将来への夢や希望を温めるための目標設定です。また、論理的でなくてもよいし、虫食い的に思いつくまま書くのでかまいません。具体的なめあてを立てることのよさを感じ取ることができればいいのです。

五分ほど経ったら、グループで、一人一人が自分の「具体的なめあて」を紹介します。少し恥ずかしさがあるでしょうから「紹介できることだけ」にします。

紹介の強要はしないということです。

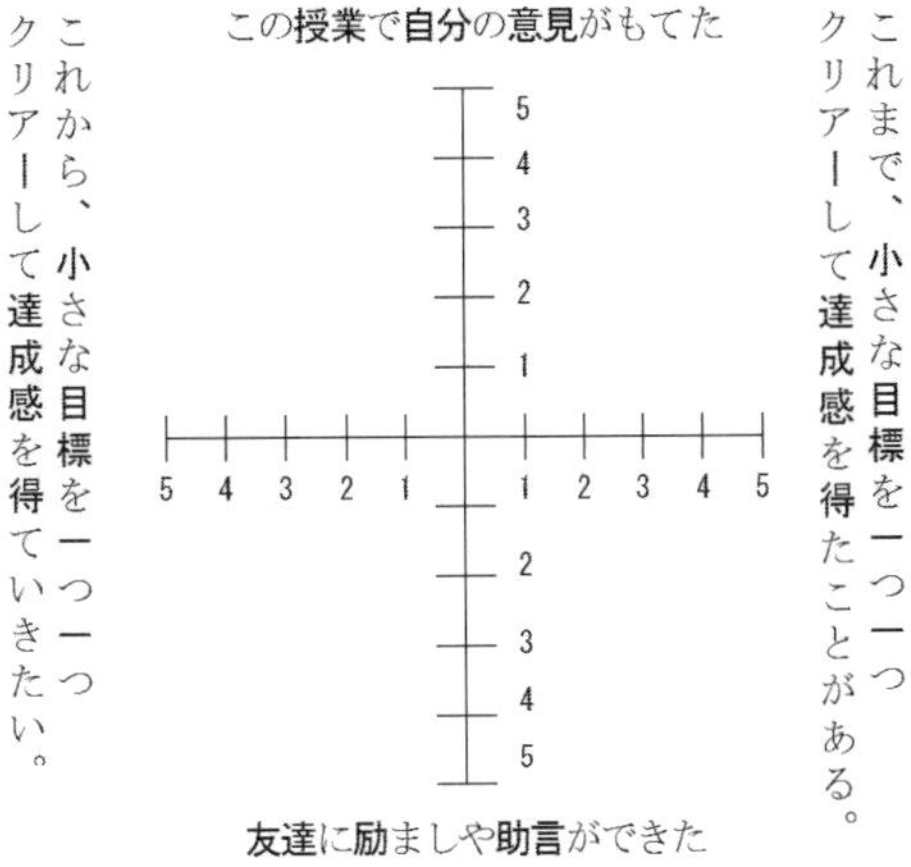
この授業で自分の意見がもてた

5
4
3
2
1

友達に励ましや助言ができた
これまで、小さな目標を一つ一つクリアーして達成感を得たことがある。
これから、小さな目標を一つ一つクリアーして達成感を得ていきたい。

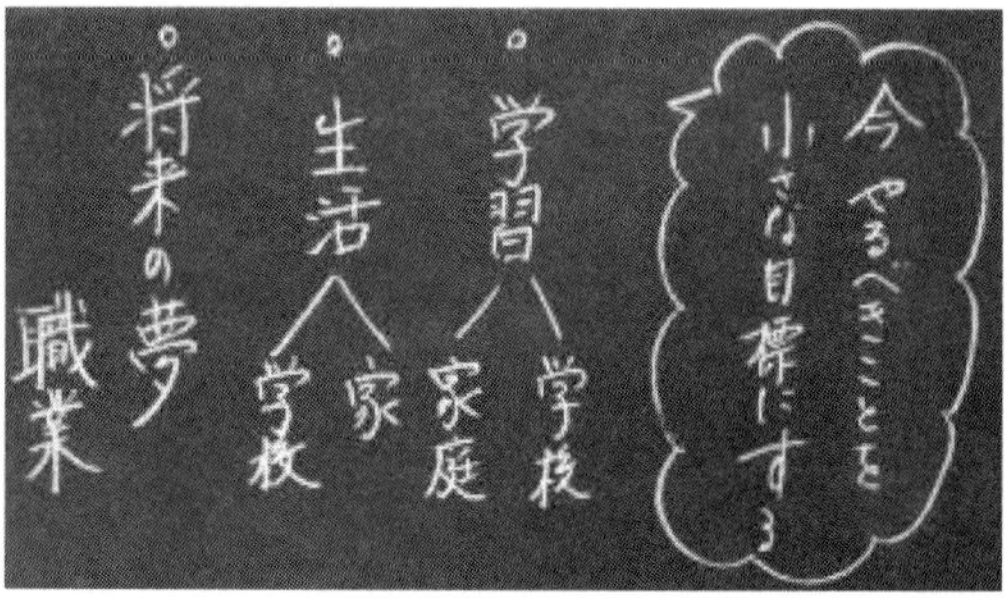
今やるべきことを小さな目標にする
○学習
学校
家庭
○生活
家
学校
○将来の夢
職業

紹介し合うときには、「笑顔」「うなずき」を大切にしましょう。

そして、相手を励まし、何かよいアイデアがあったら、助言してあげましょう。友達からの助言をメモしたり、めあてを修正したりするのもいいですね。

「笑顔」「うなずき」「励まし」「助言」といった態度の習得が目的ではありません。できなくてもかまわない内容です。
二人組やグループ、または、席を立って自由交流でもかまいません。助言を得たい人のところに行って互いに紹介し合います。

最後に、もう一度スパイダーグラフに戻り、左側の「これから」の値に変更があったら、印を付け直しましょう。

そして、上下の目盛りに印を付けて、四点を結んでグラフを完成させましょう。

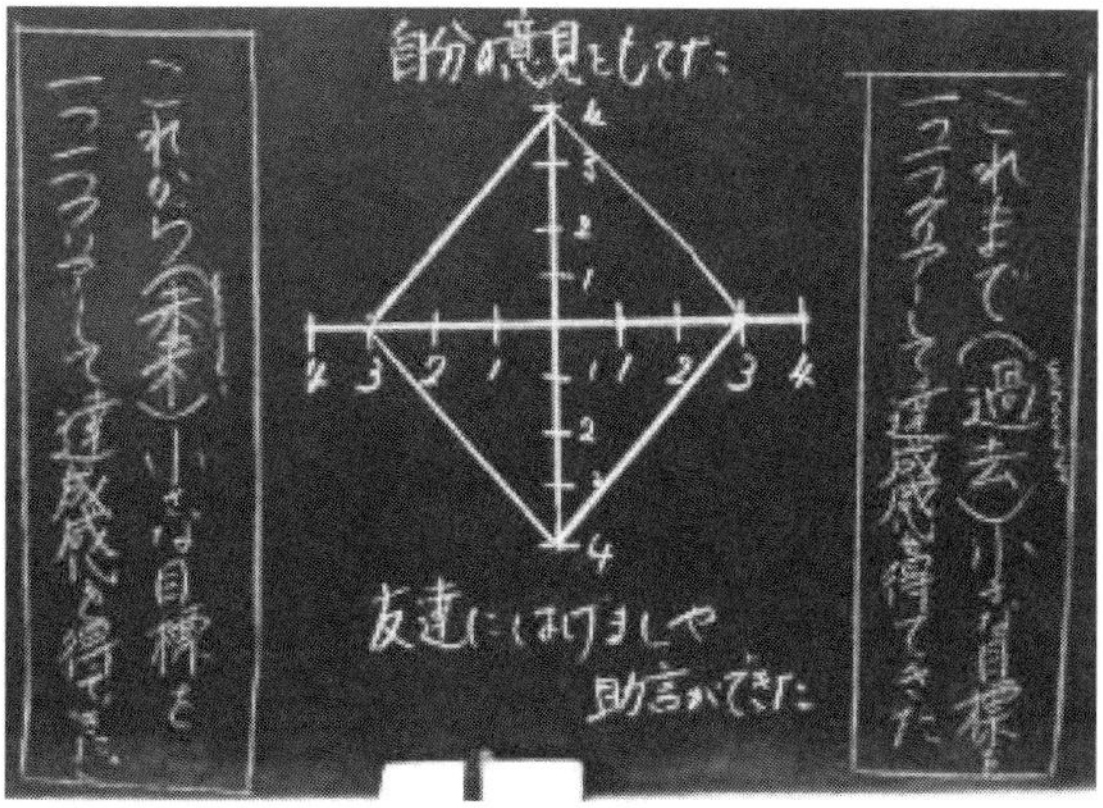

【終末】 教師の話を聞く。

「夢に向かって確かな一歩を」の一節を再度全員に語りかけ、授業を終了します。

共有化のポイント

これまで述べてきた「共有化」のポイントをまとめると、次のようになります。

1 振り返りの活動

◆自己評価としての活動を工夫する。
・学習内容を評価観点にして、自分を見つめさせる。
・数字や色、形、一文等で表すと、自分、教師、友達にもわかりやすい。

◆今後のめあてのほうを重視する。
・これまでの不十分な自分を見つめるよりも、今後の自分の在り方についての「具体的なめあて」に目を向けさせる。

2 振り返りの共有化

◆自己評価内容を共有し高め合う。
・互いに振り返りを紹介する。
・友達の振り返りを理解する。
・友達の振り返りを尊重する。
・友達の具体的なめあてができるように互いに励まし合う。
・具体的に助言し合う。
・自分の振り返りに生かす。

◆教師も、子どもの考えを受容し、一緒に取り組む姿勢を見せる。

第6章

身体表現化

一　道徳授業を身体表現化するとは

道徳授業で「身体表現化」するとは、子どもが、模擬・模倣的、または、創造的な動作や演技から、新たな気づきを得たり、互いに考えを共有したり、何かができそうな感覚をもったりすることです。

道徳授業に生かせる指導方法の工夫の一つに「身体表現」があります。例えば、動作化や役割演技、劇化などです。

動作化や役割演技などは、そのねらいや行い方に違いがありますが、ここでは、「身体表現の活用」としてまとめて取り上げ、全員参加の授業に生かす方法を考えていきます。

したがって、身体表現の内容を「模擬的・模倣的、または、創造的な動作や演技など」としてとらえ、従来の動作化や役割演技、劇化などを含めます。また、身体表現と言いながらも、手足の大きな動作が伴わない場合も含まれます。その役や立場に立った、あるいは自分としての会話や情報のやりとりも身体表現とします。

身体表現するねらいは、三つです。

一つは、身体表現することで「わかる」ということです。新たな気づきを得たり、より深く理解したりします。

二つは、身体表現することで「伝える」ということです。二人組、グループで、または学級全体で考えを共有します。

三つは、身体表現することで「できるような前向きな気持ちをもつ」ということです。前の二つの「わかる」「伝える」に合わせて「できる」と言い切りたいところですが、技能を身に付けることは、現行の道徳授業の特質には合いません。

したがって、今後の生活で「何かができるような感覚」がもてたり、「前向きな気持ち」になったりするということをねらいます。何かができそうな傾向性や態度を高めることということもできるでしょう。

どの身体表現化も、座っていること自体が苦手な子どもにとっては、集中力を持続させたり、気分転換を図ったりする上で効果があります。体を動かすことそのものが授業の楽しさにもつながります。

また、三つのうち、「できるような感覚や前向きな気持ちをもつ」については、これまであまり道徳の時間には行われなかったねらい・効果だと思います。
まずは、「わかる」「伝える」場合のポイントについて簡単に述べましょう。

二 身体表現することで「わかる」

身体表現させることで、子どもがわかるようにするためには、教師の適切なかかわり、演示や模範が何よりも重要だと考えています。

例えば、「はしのうえのおおかみ」（低学年　温かい心　親切）では、熊のやさしさを実感させるために、身体表現（動作化）を取り入れる活動が多く仕組まれます。

この場合、教師が熊をやる必要があります。子どもがやると相手をしっかり抱えられないので、不安を与えてしまい、かえってやらないほうがよいということになります。

また、「ふろしき」（中学年　日本の伝統と文化）では、実際に物を包んだり、ひざかけにしたりする動作を模擬・模倣することがあります。

この場合も、教師がスイカに見立てたドッジボールなど「丸い物」を上手に包み、それを子どもに持たせたりすることで、ふろしきのよさがよく「わかる」ようにします。

この二例からもわかるように、身体表現化でわからせる場合には、模範となる教師の身体表現化、つまり「演示」を適切に取り入れることが必要です。

ただやらせるだけでは、わかり方が中途半端になるでだけでなく、逆効果になる場合も少なくないでしょう。

三　身体表現することで「伝える」

身体表現させることで、子ども同士が伝え合うようにするためには、登場人物になりきって、二人組やグループで繰り返し行わせることが重要だと考えています。

その際、何をどう表現するのか、ねらい、学習内容を踏まえて、限定的、具体的に投げかけることが欠かせません。大きく問うと、内容から離れた表現になり、ねらいを達成することが難しくなります。

例えば、「きいろいベンチ」（低学年　公徳心）では、どうすればよいでしょうか。次のような資料です。たかしとてつおが、雨上がりの日に公園で、紙飛行機を遠くに飛ばすため、くつのまま、きいろいベンチの上に立って何度も投げました。その後、二人がブランコに乗っているときに、そのベンチに小さな女の子が腰掛け、スカートが泥だらけになりました。それを見て、二人は、「はっ」として顔を見合わせたというお話です。


一般によく行われる身体表現は二か所です。

まず、一か所目。ベンチから投げる楽しい気持ちを理解するための身体表現です。ベンチに見立てた椅子の上から本物の紙飛行機を投げる動作化、演技です。どの子どもも喜々として取り組み、楽しい授業となります。

しかし、これは、やらないほうが望ましいと考えます。やらなくてもわかるからではありません。マナーに違反する行動を模倣する表現が、そのような行動を促進する場合があるからです。いじめの場面を再現させないのと同じです。

道徳的でない行いを身体表現させることは、基本的には行いません。

よく見受けられる二か所目の身体表現は、最後の場面で二人が顔を見合わせるところです。「はっとして顔を見合わせた二人は、どんなことを考えていたでしょうか」という中心発問がなされる場合があります。

それでは、発問が大きすぎます。そこで、「二人は、どうしたらよかったでしょうか。たかしとてつおになったつもりで、隣の人と実際にお話をしてみましょう」と具体的に指示します。そして、二人組で自由に身体表現させます。即興性が高い活動です。

このとき、「どうしたらよか
っ
た
でしょうか」とわざわざ過去形で問うのは、「ベンチの上に土足で上がってはいけなかった」という思考を促すためです。

「何を考えていたでしょうか」と広く問う、あるいは、「どうしたらよいでしょうか」と今後のことを問うと、どうなるでしょうか。「正直に言おう」「謝りに行こう」などという「今後の行動」についての話が多く出てきます。

そうすると、ねらいが「公徳心」ではなく、「正直、誠実」になってしまいます。

だから、過去の行動について限定的に問い、隣の人と実際に話をしてみましょうと具体的な表現を指示するのです。

四 身体表現することで「できるような前向きな気持ちをもつ」

この場合の、二つの留意点があります。

一つは、「登場人物としてではなく、自分なら、自分として身体表現する」ということ、もう一つは、「身体表現について、技能そのものの善し悪しを検討しない」ということです。

「電話のおじぎ」（中学年　礼儀）を例にとって説明します。

これは、祖母が電話で相手にお礼を言う際、相手からは見えないのに、お辞儀をしながら電話をしているところを見て、孫にあたる自分たちも、それを見習いたいと思うという話です。

授業序盤では、めあてとあらすじを理解した後、電話でのお辞儀を動作化しました。写真の男の子は、筆箱を受話器に見立てて「思わずお辞儀」しています。

そして、展開前半です。

おばあちゃんが、相手に見えないのに、お辞儀をするのはなぜでしょうか。その理由を考えてみましょう。

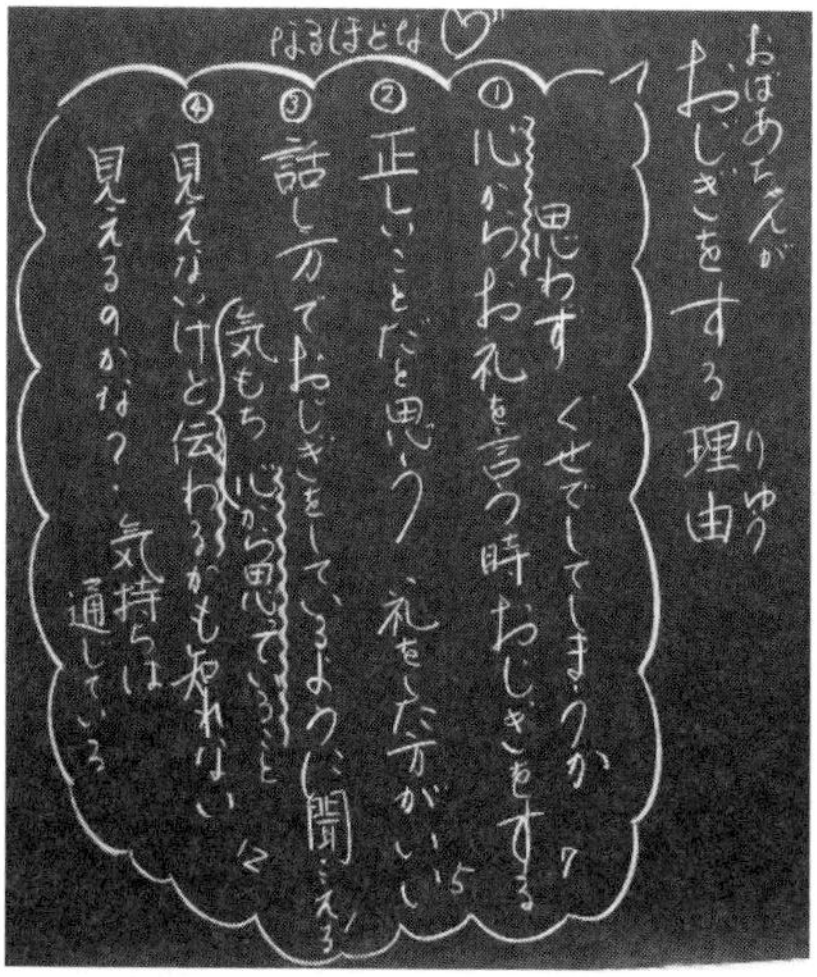
おばあちゃんが
おじぎをする理由《りゆう》
① 心からお礼を言う時おじぎをする 7
思わず くせでしてしまうのか
② 正しいことだと思う 礼をした方がいい 15
③ 話し方でおじぎをしているように聞こえる 1
気もち 心から思っていること
④ 見えないけど伝わるかも知れない 12
見えるのかな？・気持ちは通じている
なるほどな

「心からお礼を言うとき、いつもお辞儀をするので、思わず、癖でお辞儀をしてしまう」や「見えないけど自分の気持ちが伝わるかもしれないから」などが発表されました。

そこで、「気持ちは行動に表れる」こと、「気持ちは行動で表すことが大切である」ことをみんなで確認しました。

これは、本時のねらいの焦点が「礼儀は形（行動）に表すことが大切である」に基づいたものです。「感謝の気持ちが大切である」だけでは、この内容を教えたことにはなりません。

そこで、展開後半は「ありがとう」の気持ちを表す相手や場面を振り返る活動にしました。

みなさんの生活で、心から礼儀正しくしたほうがいいと思う場面がありますか？　それを思い出して、どう行動したらありがとうの心が表せるか、言葉と行動で実際にやってみましょう。

「塾への送り迎えをしてくれてありがとう」「一緒に遊んでくれてありがとう」「毎朝、見守りをしてくれてありがとう」など、家族や友達、近所の人に対する感謝の気持ちが出されました。

それをそのままにしないで、隣の人をその相手に見立てて、「ありがとうの気持ち」を言葉と行動で表してみるように投げかけました。

二人組で実際の場面に見立てて、感謝の言葉と行動を表現させます。

このような「できるような感覚をもたせる」身体表現の実践は、第5章で紹介した「ぐみの木と小とり」でも行うことができます。

小とりが病床のりすを見舞う場面で「自分が一緒に行っていたら、あなたは、何と言って声をかけますか」のように、相手を思いやり、元気付ける言葉を自分自身で考え、ぐみの実を渡す動作を交えながら話しかけるという身体表現です。


「自分なら」として動作及び演技をさせるわけですから、それが自分なりにできたなら、同じような場面で「自分もできるかもしれない」という「前向きな感覚」をもてるはずです。

「自分なら」として実際に身体表現することを、今後の道徳の時間に積極的に取り入れていくことが大切だと考えています。

三年生　身体表現化の視点を生かした授業

「まどガラスと魚」（中　1―(4)　正直　誠実）

1　ねらい

主人公の心情を想像し、ガラスを割ったことを謝る活動を通して、過ちを素直に認め正直であることのよさを改めて感じ取り、明るい心で生活しようとする態度を養う。

2　資料のあらすじ

ボールを投げ、ガラスを割った進一郎は、謝らなくてはと思いつつも友達と逃げてしまいます。翌日、下校時に見に行くと「ガラスを割ったのはだれだ！」と張り紙がされていました。その日の夕方、近所の猫が進一郎の家から夕飯の魚を取っていきました。しばらくすると、近所の山田さんのお姉さんが、魚を取られなかったかと尋ねてきて、丁寧に謝って帰って行きました。翌朝、進一郎は、ガラスを割ったことを正直に母に話し、一緒にお詫びに行きました。

家の人は、ガラス代を受け取らないで、「あなたが来るのを楽しみにしていました」と言い、ボールを返してくれました。

3 内容の焦点化

中学年の内容から、次の二点に焦点化して指導します。

① 「過ちを素直に改める」を踏まえて、この指導では、「主人公の立場に立って、自分ならどう謝るか」を身体表現させることで、今後の生活でも「できそうな感覚」を養うこと

② 「正直に明るい心で元気よく生活すること」を踏まえて、場面ごとの「謝りたい度」をハートと心情曲線で表し、過ちを犯したときの気持ちを追体験すること

4 視覚化の具体的手立て

ここでは、主に三点の視覚化の手立てを行いました。

① 謝ることができる場面を絵で提示

② 個人の「謝りたい気持ちの大きさ」をハートの大きさを使って見える化

③ 学級での「謝りたい気持ちの大きさ」を心情曲線を使って見える化

5　共有化の具体的手立て

ここでは、主に二点の共有化の手立てを行いました。

① 見える化した「謝りたい気持ちの大きさ」をもとに、主人公の心情を想像して更に話し合うこと

② 自分ならどのようにして謝るのか、実際に二人組でやってみること

6　授業の実際

【導入】資料を聞き、感想をもつ。

資料名を板書した後、どの場面が一番心に残るかと問いながら、教師が資料を読み聞かせます。

「まどガラスと魚」という話を読みますから、後で心に残った場面を聞かせてください。

読み終わった後、もう一度教師からあらすじを説明しながら、

① 割った直後、逃げ出した場面

② 翌日の下校時に「ガラスを割ったのはだれだ」と書かれた張り紙を見た場面

③ 近所の山田さんのお姉さんが謝りに来た場面

の三つを取り上げ、黒板に場面絵を貼りました。

そして、「どの場面が一番心に残りましたか」と問います。これは、「どの場面」と比較して問うことにより、子どもたちの中で資料の内容を場面ごとに整理させるためです。どれが一番心に残っていようとかまいませんから、理由を問う必要はありません。

【展開1】三つの場面の「謝りたい気持ちの大きさ」について話し合う。

それぞれの場面における進一郎の気持ちを考えさせる活動を仕組みたいところです。

しかし、この学習では、展開後半の身体表現化に時間をかける必要があります。そこで、ここでは、どの場面でも、謝らなくてはいけないという気持ちをもっていたに違いないということを押さえた上で、「謝りたい気持ちの大きさ」を比較する問い方をしました。

三つの場面ごとに、「謝りたい気持ちの大きさ」をハートの大きさ（大中小）で表しましょう。そして、一番大きい場面を選んだ理由や主人公の考えていることなどを書きましょう。

「謝りたい気持ち」が一番大きな場面（ハートが大の場面）に手を挙げさせました。板書の写真のように、割った直後の①とお姉さんの行動を見た③が一五人ずつで並びました。少ないのは、②の張り紙を見た場面でした。

それを、さらにわかりやすくするため、心情曲線にして板書に表しました。両側が高く、真ん中が低い赤い線です。

それぞれの理由を尋ねました。

③の場面は、資料の解釈上、最も妥当な選択です。①の場面は、子どもたちの経験上、過ちを犯した直後が最も大きいと考えたのだと思われます。③は論理、①は経験ということです。

②が低いのは、「張り紙を読むとすごく怒っていることがわかって、謝れなくなったと思う」という意見に代表されるように、恐くてどうしようもないということがあったようです。

過ちを犯したときに、ごまかして、素直に謝れない「後ろめたさ」や「もやもやした気持ち」を追体験することがねらいの活動ですから、主人公の気持ちや選択の理由を整理して次の活動に移ります。

【展開2】お詫びの場面を身体表現する。

動作化や役割演技は、「資料中の人物」になって、身体表現する活動です。ここでは、「自分なら」どう謝るかを実際に考え、表現する活動を仕組みます。

あなたなら、何と言って謝りますか。どのように謝りますか。
そのときの話し言葉、説明を道徳プリントに書いた後、お隣の人と役を交代して、実際にやってみましょう。

腕を組んでいる右の子どもが、割られた家のおじさんです。左の子どもが謝っています。自分なら何をどう説明して、どのように謝るのかをプリント

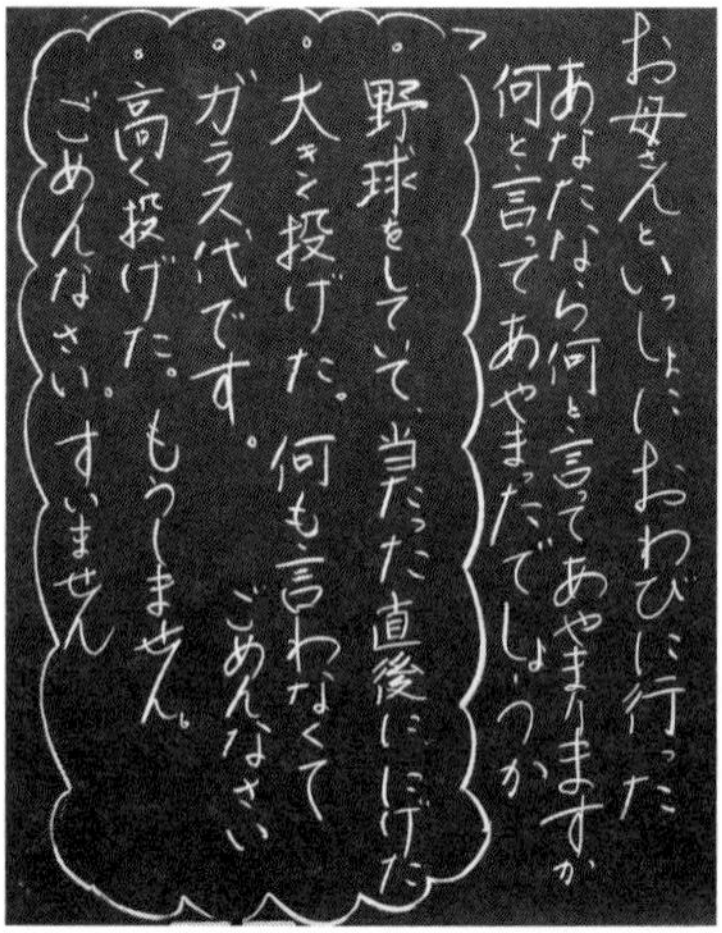
お母さんといっしょにおわびに行った
あなたなら何と言ってあやまりますか
何と言ってあやまったでしょうか
・野球をしていて、当たった直後ににげた
・大きく投げた。何も言わなくて
ごめんなさい
・ガラス代です。
・高く投げた。もうしません。
ごめんなさい。すいません

に書いていますから、それを読むことになります。

双方がやったら、プリントを見ずに、再度、動作を交え、自分なりの言葉でお詫びをする活動を繰り返します。

「謝れるようになる」ことがねらいではなく、「謝ることができそうな感覚をもつ」「謝ることに前向きな気持ちになる」ことがねらいの活動です。

したがって、謝り方の良し悪しについて、検討する活動は必要ありません。

この活動が、一般的に言うところの「動作化」や「役割演技」と異なるのは、「自分ならどう行動するか、表現するか」という観点で活動を仕組んでいるということです。

また、技能を身に付ける活動とも違うのは、そのための具体的な説明や行動の妥当性を検討しないということです。

【終末】感想を発表し、教師の話を聞く。

終末の活動として、お詫びを身体表現したときに子どもが感じたことを振り返る活動を行います。そして、技能面ではなく、「謝ることのよさ」「正直であることのよさ」に関する発言に着目させ、「共有化」の原則に則って、全体に広げます。

そして、最後に、教師から話をします。

話の観点は、当然、出来具合の評価ではありません。正直であることのよさの再度の説明と、人が正直でありたいと願うことのすばらしさ、そして、みんなならそれがきっとできるという励まし、意欲付けです。

身体表現化のポイント

これまでの「身体表現化」のポイントをまとめると、次のようになります。

1 身体表現化とは

◆模擬的、創造的な動作や演技から、
・より深くわかる
・よりわかりやすく伝える
・できるような感覚をもてる
◆これまで、道徳授業で行われていた動作化、役割演技、劇化などを含める。
◆資料中の人物がどのように動作したり、演技したりするかということよりも、自分だったらどうするかについて考えるほうを重視している。

2 身体表現化でできるような感覚をもたせる

◆資料中の人物になりきって動作、演技するのではなく、「自分ならどうするか」について考えさせる。
◆二人組やグループになって、その状況を再現し、自分なりの身体表現を行う。
◆互いにその内容について感想を述べるなどして、自分の身体表現について自信をもつ。
◆日常生活で同じような場面のときに、できそうな感覚や前向きな態度を養う。

あとがき

道徳授業のユニバーサルデザイン化の試みは、これからも続けていきます。他教科の研究に遅れないように、また、何よりも一人一人の子どもの十全な学びのためにです。

現在、準備が進められている道徳授業の「教科化」においても、必ずや必要となる考え方だと確信しています。

ここまでをまとめる意味で、今後の課題について考えてみましょう。

1　個別の配慮

本書では、個別の配慮や支援については扱いませんでした。

道徳授業において指導に配慮が必要な子どもがどう学んでいくのか、その専門的な知見を生かしながら、今後、個別の配慮の原則をまとめていくことが必要です。

2 指導の工夫

第2章で触れましたが、小貫先生が提案されている「授業のユニバーサルデザイン化モデル」においては、指導の工夫の要件として、今回述べたもの以外にもいくつも掲げられています。

関西学院初等部の村田副校長先生の社会科でも主張されている「スパイラル化」は、道徳授業でも取り入れなければならない課題だと考えています。なぜなら、道徳の内容項目は、低、中、高学年と繰り返し指導されるからです。しかも、同じ内容項目の指導であるにもかかわらず、前回の指導を意識して次の授業づくりをすることはあまりないのが実態です。その意味でも、この要件は重要だと考えています。

また、日常生活に一層生かされるような指導方法の開発も課題です。先のモデルの最上段にある「機能化（日常生活での実用）」「適用化（応用／汎用）」に関する課題です。

今回の提案では、自己の振り返りの共有化や身体表現化により、実際の生活の中で「できそうな感覚」をもったり、「前向きな態度」を身に付けたりすることを提案しています。

今後更に、学級活動や他の教科との関連的な指導などにより、いじめ防止や規範意識の醸成などに一層効果のある道徳授業をつくっていく必要があります。

3　ねらい、学習内容、学習活動

本書では、その授業ならではのねらいと学習内容を定めて、授業をつくることが、すべての子どもの授業参加、活動を促進すると主張しています。

焦点化の章でも述べましたが、同じ資料で同じ道徳の内容を扱っても、具体的な学習内容は複数設定できます。子どもの実態や学習履歴、学校の道徳教育の方針や教師の思いや願いに応じることで、最終的な学習内容が定まるとの立場です。

したがって、本来であれば、資料ごとに、設定できる学習内容を複数提案することが必要となります。一つ一つの資料ごとに、ねらいと複数の学習内容をマトリックス状に提示できれば、各教師が授業をつくる際、ふさわしい学習内容を選択するだけで済みます。その分、授業づくりの負担が軽くなるわけですから、例えば、板書計画や発問づくりに時間を割くことができます。

道徳授業の学習活動のほとんどは、聞いているか、書いているか、発表しているか、話し合っているかです。身体表現化の部分でも述べましたが、学習活動の多様化は、今後も更に大きな課題であり続けるでしょう。

だからといって、技能獲得を目的とした道徳授業をすることはできません。現在のところ、目標は、あくまでも「よりよく生きる力」「道徳的実践力」という内面的資質を育成することだからです。

4　道徳教育、学校教育のユニバーサルデザイン化

道徳授業のユニバーサルデザイン化は、学校の教育活動全体を通じて行う道徳教育のユニバーサルデザイン化が基盤になります。

道徳教育の全体計画はもとより、各教科等における道徳教育がユニバーサルデザイン化されることで、より一層、「道徳授業のユニバーサルデザイン化」が促進されるからです。

また、もっと言えば、学校教育全体がユニバーサルデザイン化されることも必要です。現在、学校全体のユニバーサルデザイン化研究では、東京都日野市が進んでいます。それらの取組、研究に学びながら、学校教育全体のユニバーサルデザイン化と道徳授業の関係について言及していくことが必要だと考えています。

さて、本書の刊行に際し、筑波大学附属小学校の桂聖先生、関西学院初等部の村田辰明副校長先生をはじめ多くの方々にご指導をいただきました。特別支援教育の立場から明星大学教授の廣瀬由美子先生、東京都立青山特別支援学校の川上康則先生、ありがとうございます。

また、道徳授業の仕組み方について、前文部科学省教科調査官で、現在東京学芸大学教授の永田繁雄先生、心の教育研究会の各先生方から、多くのことを学ばせていただきました。

出版の機会をいただきました東洋館出版社の大場亨さんには、温かい言葉で励まし続けていただきました。おかげさまで、何とか本書をまとめることができました。感謝申し上げます。

そして、最後に、今回掲載した実践をさせていただきました山口県山口市立徳佐小学校、同宇部市立西宇部小学校の子どもたちと先生方にお礼を申し上げます。本当にありがとうございました。

平成二六年六月

坂本　哲彦

文献一覧

【道徳資料】

・「絵はがきと切手」『4年生のどうとく』文溪堂
・「はしのうえのおおかみ」『みんななかよく　どうとく①』東京書籍
・「花さき山」『4年生のどうとく』文溪堂
・「ブラッドレーのせいきゅう書」『わたしたちの道徳　小学校三・四年』文部科学省
・「手品師」『5年生の道徳』文溪堂
・「すれちがい」『5年生の道徳』文溪堂
・「かぼちゃのつる」『1ねんせいのどうとく』文溪堂
・「銀のしょく台」『私たちの道徳　小学校五・六年』文部科学省
・「フィンガーボール」『4年生のどうとく』文溪堂
・「ヘレンと共に―アニー・サリバン―」『私たちの道徳　小学校五・六年』文部科学省
・「ひとふみ十年」『5年生の道徳』文溪堂
・「ふろしき」『3年生のどうとく』文溪堂
・「流行おくれ」『希望を持って　道徳⑤』東京書籍

・「くずれ落ちただんボール箱」『希望を持って　道徳⑤』東京書籍
・「ぐみの木と小とり」『2年生のどうとく』文溪堂
・「大王と風車小屋の主人」『6年生の道徳』文溪堂
・「夢に向かって確かな一歩を」『私たちの道徳　小学校五・六年』文部科学省
・「きいろいベンチ」『1ねんせいのどうとく』文溪堂
・「電話のおじぎ」『新版　ゆたかな心　3』光文書院
・「まどガラスと魚」『3年生のどうとく』文溪堂

【参考文献】

・『国語授業のユニバーサルデザイン』桂聖　東洋館出版社　二〇一一年
・『社会科授業のユニバーサルデザイン』村田辰明　東洋館出版社　二〇一三年
・『授業のユニバーサルデザイン』Vol1～6　授業のユニバーサルデザイン研究会、桂聖、廣瀬由美子、石塚謙二編著　東洋館出版社　二〇一〇～二〇一三年
・『〈発達のつまずき〉から読み解く支援アプローチ』川上康則　学苑社　二〇一〇年
・『クラスで気になる子の支援　ズバッと解決ファイル』阿部利彦編著　金子書房　二〇〇九年
・『通常学級での特別支援教育のスタンダード』東京都日野市公立小中学校全教師、東京都日野市教育委員会、小貫悟編著　東京書籍　二〇一〇年

・『「道徳」授業をどうするか』宇佐美寛　明治図書出版　一九八四年
・『道徳授業の基本構想』青木孝頼　文溪堂　一九九五年
・『道徳授業で大切なこと』赤堀博行　東洋館出版社　二〇一三年
・『小学校学習指導要領解説　道徳編』文部科学省　二〇〇八年

【著者紹介】
坂本　哲彦（さかもと　てつひこ）
宇部市立西宇部小学校校長
山口県生まれ。山口県内公立小学校教諭、山口大学教育学部附属山口小学校教諭、山口県教育庁指導主事、山口県平生町立平生小学校教頭、同山口市立徳佐小学校教頭を経て、現職
著書に、『自己評価観点から自分をみつめる発問のあり方』（学事出版、2006年）、『公開授業・研究授業で行う道徳教材ベスト40』（東洋館出版社、2009年）、『プロ教師に学ぶ　小学校道徳授業の基礎技術Q&A』（共著、東洋館出版社、2012年）、『あなたが道徳授業を変える』（分担執筆、学芸みらい社、2013年）他多数
授業づくりの勘所を提案するホームページ「坂本哲彦　道徳・総合の授業づくり」主宰　http://sakamoto.cside.com/
教師の"知恵".net事務局　http://www.kyoshinochie.net/

授業のUD Books
道徳授業のユニバーサルデザイン
―全員が楽しく「考える・わかる」道徳授業づくり―

2014（平成26）年７月29日　初版第１刷発行
2016（平成28）年６月17日　初版第６刷発行

著　者――坂本　哲彦
発行者――錦織　圭之介
発行所――株式会社東洋館出版社
〒113-0021　東京都文京区本駒込５丁目16番７号
営業部　電話03-3823-9206　FAX03-3823-9208
編集部　電話03-3823-9207　FAX03-3823-9209
振替　00180-7-96823
URL　http://www.toyokan.co.jp

組版・デザイン――株式会社明昌堂
印刷・製本――藤原印刷株式会社

ISBN978-4-491-03040-1　Printed in Japan

大好評!授業のUD Booksシリーズのご紹介

授業のユニバーサルデザイン入門

明星大学 小貫 悟 著
筑波大学附属小学校 桂 聖 著

どの子も楽しく「わかる・できる」授業のつくり方

読み物シリーズ「授業のUD Books」第3弾。本書では、「ユニバーサルデザイン」という考え方の原点に立ち返り、その理念や考え方、手法、具体的な手だての例などをわかりやすく紹介するとともに、具体的な授業場面に盛り込まれた授業のユニバーサルデザインの視点を解説。まさに授業のユニバーサルデザインを実践するための出発点となる1冊。

本体価格1,700円+税

国語授業のユニバーサルデザイン

筑波大学附属小学校
桂 聖 著

全員が楽しく「わかる・できる」国語授業づくり

本書は読み物シリーズ「授業のUD Books」第1弾。そもそもユニバーサルデザインとは?「授業のユニバーサルデザイン」はどう役に立つ?授業はどう変わる?板書や子どもとの具体的なやりとりを交えつつ、クラス全員が「わかる・できる」授業をつくる手だてやヒントが満載。「授業のユニバーサルデザイン」入門書として最適な1冊!

本体価格1,700円+税

社会科授業のユニバーサルデザイン

関西学院初等部
村田辰明 著

全員で楽しく社会的・考え方を身に付ける!

本書は読み物シリーズ「授業のUD Books」第2弾。「仲良くなりながら、わかる・できる!」を目指す具体的な活動内容、問答を紹介。焦点化・視覚化・共有化にスパイラルという視点を加えた著者。「間口の狭い質問」や「資料加工のポイント」、「予想にウエイトをかける」等、明日の授業からすぐに使えるアイディアを実践を交えて提案。

本体価格1,700円+税

がんばる先生を応援します! 東洋館出版社
〒113-0021 東京都文京区本駒込5丁目16番7号
TEL: 03-3823-9206 FAX: 03-3823-9208
URL: http://www.toyokan.co.jp